*Cicéron*

# Catilinaires

*Discours*

ISBN : 978-1987457766


10  9  8  7  6  5  4  3  2  1

*Cicéron*

# Catilinaires

*Discours*

# Table de Matières

# PREMIER DISCOURS
## CONTRE L. CATILINA,
### PRONONCÉ DANS LE SÉNAT.

## DISCOURS DIX-NEUVIÈME.

## INTRODUCTION

Rome, agrandie par les conquêtes et corrompue par le luxe, était dans cet état, où, comme dit Montesquieu, « la république devant nécessairement périr, il n'était plus question que de savoir comment et par qui elle serait abattue. » Avant que César frappât ce grand coup, Sylla, dictateur, avait déjà montré que les Romains pouvaient souffrir un maître. Ce que l'un et l'autre obtinrent à force de victoires, Catilina voulut le ravir par le crime, une haute naissance et de grandes qualités lui ouvrirent facilement l'entrée des magistratures. Revenu de l'Afrique, qu'il avait gouvernée comme préteur, il se mit au nombre des candidats pour l'année 688. Un procès de concussion, intenté par les Africains, le força de renoncer à ses prétentions. Manlius Torquatus et Aurélius Cotta furent élus. Alors Catilina forma une première conjuration dont Salluste parle en peu de mots. Il devait égorger les nouveaux consuls le jour même de leur entrée en charge, et s'emparer, pour lui et son complice Autronius, des haches et des faisceaux. Ce complot échoua deux fois en trente-cinq jours et demeura impuni. Bientôt même, protégé par la vénalité de ses juges et la collusion du fameux Clodius son accusateur, Catilina fut absous du crime de concussion, et commença d'avance à briguer le consulat pour l'année 690.

En attendant, il travaillait sans relâche à augmenter le nombre de ses partisans ; et vers le commencement de juin 689, à l'approche des comices consulaires, il rassembla les plus audacieux, et les entretint de ses desseins, leur promettant, s'il était consul, honneurs, richesses et puissance. C'est à cette assemblée que se rapporte le discours que Salluste met dans sa bouche au vingtième chapitre de son Histoire de la conjuration. Elle fut tenue dix-sept mois entiers avant que Cicéron lui arrachât enfin le masque, elle contraignit de déclarer à la république une guerre ouverte.

Cependant l'indiscrète vanité de Curius, un des complices, livra bientôt à une femme le secret de la conjuration. Celle-ci en eut horreur et la révéla, en taisant toutefois le nom de Curius. Dans ce temps, Catilina et Cicéron aspiraient également au consulat, et il s'en fallut peu que la naissance et les intrigues du premier ne l'emportassent sur les vertus du second, qui n'avait point d'aïeux ; mais le danger fit taire l'envie, et Cicéron l'emporta. Il fut désigné consul avec Caïus Antonius.

Il semble qu'il ne restait plus qu'à livrer à la vengeance des lois Catilina et ses complices ; mais quoique la conjuration ne fût que trop évidente, il eût été difficile peut-être d'en fournir des preuves légales. En outre, l'État n'avait point, comme dans les gouvernements modernes, un magistrat spécialement chargé de poursuivre les crimes. L'accusation était abandonnée aux particuliers : et comment trouver un accusateur à Catilina ? qui eût osé appeler en justice tant de patriciens, tant de chevaliers romains, peut-être même César et Crassus ? Les conjurés, par leur nombre, leur rang, leur naissance, leurs dignités, étaient tout-puissants au sénat et dans le forum ; et celui qui les eut accusés de conspiration aurait pu se perdre lui-même sans sauver la république. Lucullus poursuivit cependant Catilina, mais pour des crimes anciens ; il l'attaqua comme assassin, à cause des meurtres dont il s'était souillé pendant les proscriptions de Sylla.

Absous une seconde fois, Catilina ne songea plus qu'à emporter de force ce qu'il ne pouvait obtenir par ruse. Quoiqu'il ne fût pas consul, il voulut avoir une armée. De nombreux vétérans de Sylla peuplaient l'Étrurie. Enrichis autrefois par leur général, ruinés depuis par le luxe et la débauche, ils n'aspiraient qu'à un changement, ne rêvaient que nouvelles proscriptions. Mallius, qui lui-même avait servi avec distinction sous le dictateur, en réunit un grand nombre, et ils n'attendaient plus que le signal pour lever l'étendard de la révolte. D'autres conjurés faisaient dans d'autres parties de l'Italie les préparatifs de la guerre civile. Ils rencontraient peu d'obstacles : les armes romaines voyageaient, comme dit Florus, aux extrémités de l'Asie, et Pompée soumettait l'Orient pendant qu'un ennemi plus redoutable que Mithridate était aux portes et dans le sein même de Rome.

La république n'eut, en ces terribles dangers, d'autre rempart que

Cicéron. Aussi c'est contre lui qu'étaient dirigés les principaux efforts de la conjuration ; et mille fois, depuis son élection et pendant son consulat, les poignards de Catilina menacèrent sa vie. Cependant les projets de ce conspirateur éclataient de toutes parts, et lui-même ne prenait presque plus la peine de les dissimuler, tin jour, accusé en plein sénat par Caton, il osa répondre qu'il éteindrait sous des ruines l'incendie qu'on voulait allumer contre lui. Ces discours menaçants et les mouvements d'Étrurie avaient jeté l'alarme dans Rome. Le 20 octobre, Cicéron fit un rapport au sénat sur les dangers de la république. Le 21, il enjoignit à Catilina de s'expliquer sur les desseins qu'on lui attribuait. Celui-ci répondit « que la république avait deux corps, l'un faible avec une tête sans vigueur ; l'autre fort, mais auquel il manquait une tête : qu'il devait trop à ce dernier pour ne pas lui en servir. » C'était se déclarer hautement le chef du peuple contre le sénat. Alors fut rendu le décret auquel on avait recours dans les périls extrêmes, et le consul fut revêtu d'un pouvoir dictatorial.

Le lendemain se tinrent les comices consulaires, différés jusqu'à ce temps. Silanus et Muréna furent élus pour l'an 691, et Catilina se vit encore une fois repoussé. Il avait appelé d'Étrurie, pour soutenir sa brigue, une foule de ses satellites et Mallius à leur tête. Son dessein était d'assassiner Cicéron au milieu même de l'assemblée ; mais le consul descendit au Champ de Mars, armé d'une cuirasse, et environné d'une escorte nombreuse et dévouée. Mallius regagna l'Étrurie, et Catilina, frémissant de rage, alla méditer de nouveaux attentats. Le décret du sénat donnait au consul le droit de le faire saisir et jeter en prison. Cicéron nous apprendra lui-même pourquoi il n'en fit point usage. Un bon citoyen, L. Paullus, essaya une dernière fois contre l'ennemi public la puissance des lois. Il l'appela en justice aux termes de la loi Plautia, qui défendait de se trouver en public avec une arme offensive, et d'user de violence envers les magistrats.

Mais Catilina n'en pressait que plus vivement sa criminelle entreprise. Mallius commença la guerre en Étrurie le 27 octobre. Le 23, un projet de massacre échoua dans Rome par la vigilance du consul. Le 1er novembre, une attaque fut tentée sur Préneste, et ne réussit pas davantage, Enfin, la nuit du 6 au 7 novembre, Catilina réunit ses complices chez le sénateur Porcius Léca. Là furent résolus le meurtre de Cicéron, l'incendie de Rome, le soulèvement de l'Italie, le départ de Catilina pour le camp de Mallius. Au sortir de ce conseil impie, et sans attendre que le jour fût venu, Varguntéius et Cornélius se rendirent chez Cicéron pour l'égorger dans son lit. Mais déjà Curius avait averti Fulvie, et le consul savait tout. Il ferma sa porte aux assassins ; ensuite il convoqua le sénat dans le temple de Jupiter Stator, et lui exposa tous les détails de la conspiration. Catilina ne pouvait ignorer l'objet de l'assemblée. Il eut cependant l'audace de s'y rendre, soit pour rassurer ses complices, soit pour détourner les soupçons. Lorsqu'il entra, tous les sénateurs, fuyant son approche, laissèrent vide la partie de l'enceinte où il alla se placer. C'est en ce moment que le consul, s'abandonnant à son indignation, lui adressa cette foudroyante harangue, qui le força de quitter la ville sans avoir pu l'inonder de sang.

Confondu par les reproches du consul, et plus encore par la force de la vérité, Catilina sut pourtant dissimuler sa honte et sa colère. Il prit une contenance hypocrite, et d'un ton suppliant, il conjura les sénateurs de ne pas ajouter foi à des accusations sans preuve. Il parla de sa famille, de ses espérances, des services de ses ancêtres, ajoutant qu'un homme de son rang ne pouvait songer à bouleverser la république, quand un citoyen d'Arpinum, Marcus Tullius, s'en faisait le protecteur. Comme il continuait d'invectiver contre Cicéron, des murmures d'indignation étouffèrent sa voix ; les noms de traître et d'assassin retentirent à ses oreilles, et il sortit plein de fureur en répétant la menace d'écraser ses ennemis sous les ruines de l'État.

---------------------------------

I. Jusques à quand abuseras-tu de notre patience, Catilina ? combien de temps encore serons-nous le jouet de ta fureur ? jusqu'où s'emportera ton audace effrénée ? Quoi ! ni la garde qui veille la nuit sur le mont Palatin, ni les forces répandues dans toute la ville, ni la consternation du peuple, ni ce concours de tous les bons citoyens, ni le lieu fortifié choisi pour cette assemblée, ni les regards indignés de tous les sénateurs, rien n'a pu t'ébranler ! Tu ne vois pas que tes projets sont découverts ? que ta conjuration est ici environnée de témoins, enchaînée de toutes parts ? Penses-tu qu'aucun de nous ignore ce que tu as fait la nuit dernière et celle qui l'a précédée ; dans quelle maison tu t'es rendu ; quels complices tu as réunis ; quelles résolutions tu as prises ?

O temps ! ô mœurs ! tous ces complots, le Sénat les connaît, le consul les voit, et Catilina vit encore ! Il vit ; que dis-je ? il vient au sénat ; il est admis aux conseils de la république ; il choisit parmi nous et marque de l'œil ceux qu'il veut immoler. Et nous, hommes pleins de courage, nous croyons faire assez pour la patrie, si nous évitons sa fureur et ses poignards ! Depuis longtemps, Catilina, le consul aurait dû t'envoyer à la mort, et faire tomber ta tête sous le glaive dont tu veux tous nous frapper. Le premier des Gracques essayait contre l'ordre établi des innovations dangereuses ; un illustre citoyen, le grand pontife P. Scipion, qui cependant n'était pas magistrat, l'en punit par la mort. Et lorsque Catilina s'apprête à faire de l'univers un théâtre de carnage et d'incendies, les consuls ne l'en puniraient pas ! Je ne rappellerai point que Servillus Ahala, pour sauver la république des changements que méditait Spurius Mélius, le tua de sa propre main : de tels exemples sont trop anciens.

Il n'est plus, non, il n'est plus ce temps où de grands hommes mettaient leur gloire à frapper avec plus de rigueur un citoyen pernicieux que l'ennemi le plus acharné. Aujourd'hui un sénatus-consulte nous arme contre toi, Catilina, d'un pouvoir terrible. Ni la sagesse des conseils, ni l'autorité de cet ordre ne manque à la république. Nous seuls, je le dis ouvertement, nous seuls, consuls sans vertu, nous manquons à nos devoirs.

**II.** Autrefois un sénatus-consulte chargea le consul Opimius de pourvoir au salut de l'État. La nuit n'était pas encore venue, et déjà, vainement protégé par la gloire de son père, de son aïeul, de ses ancêtres, C. Gracchus avait payé de sa tête quelques projets séditieux dont on le soupçonnait ; déjà le consulaire M. Fulvius avait subi la mort avec ses enfants. Un décret semblable remit le sort de la patrie aux mains des consuls Marius et Valérius. S'écoula-t-il un seul jour sans que la mort et la vengeance des lois eussent atteint le tribun Saturninus et le préteur C. Servilius ? et nous qui avons reçu du sénat les mêmes armes, nous laissons depuis vingt jours s'émousser dans nos mains le glaive de son autorité. Car ce décret salutaire, nous l'avons aussi ; mais enfermé dans les archives publiques, comme une épée dans le fourreau, il demeure inutile. Si je l'exécutais, tu mourrais à l'instant, Catilina. Tu vis ; et tu vis, non pour déposer, mais pour fortifier ton audace. Pères conscrits, je voudrais être clément ; je voudrais aussi que la patrie, menacée de périr, ne m'accusât point de faiblesse. Mais déjà je m'en accuse moi-même ; je condamne ma propre lâcheté. Une armée prête à nous faire la guerre est campée dans les gorges de l'Étrurie ; le nombre des ennemis s'accroît de jour en jour ; le général de cette armée, le chef de ces ennemis est dans nos murs ; il est dans le sénat ; vous l'y voyez méditant sans cesse quelque nouveau moyen de bouleverser la république. Si j'ordonnais en ce moment, Catilina, que tu fusses saisi, livré à la mort, qui pourrait trouver ma justice trop sévère ! Ah ! je craindrais plutôt que tous les bons citoyens ne la jugeassent trop tardive. Mais ce que j'aurais dû faire depuis longtemps, des motifs puissants me décident à ne pas le faire encore. Tu recevras la mort, Catilina, lorsqu'on ne pourra plus trouver un homme assez méchant, assez pervers, assez semblable à toi, pour ne pas convenir que ton supplice fut juste. Tant qu'il en restera un seul qui ose te défendre, tu vivras, mais tu vivras comme tu vis maintenant, entouré de surveillants et de gardes. Je t'en assiégerai tellement, que ton bras, armé contre la république, sera contraint de rester immobile. Des yeux toujours ouverts, des oreilles toujours attentives continueront, à ton insu, d'observer tes pas, de recueillir tes discours.

**III.** Eh ! que peux-tu espérer encore, si les ombres de la nuit ne cachent point à nos regards tes assemblées criminelles ; si, perçant les murailles où tu la crois enfermée, la voix de ta conjuration éclate et retentit au dehors ? Renonce, crois-moi, renonce à tes projets ; cesse de penser aux meurtres et à l'incendie ; tu es enveloppé de toutes parts ; tous tes desseins sont pour nous plus clairs que la lumière. Je peux même t'en retracer le fidèle tableau. Te souviens-tu que le douzième jour avant les calendes de novembre, je dis dans le sénat que le sixième jour après celui où je parlais, Mallius, le satellite et le ministre de ton audace, se montrerait en armes ? Me suis-je trompé, Catilina, sur un fait si important, si horrible, si incroyable ; et ce qui est plus étonnant, me suis-je trompé sur le jour ? J'ai dit aussi dans le sénat que tu avais fixé, au cinq avant les mêmes calendes, le massacre de ce que Rome a de plus illustre. Aussi les premiers citoyens s'éloignèrent-ils de la ville, moins pour échapper à tes coups que pour préparer les moyens d'en garantir l'État. Peux-tu nier que ce jour-là même, étroitement gardé par ceux que ma vigilance avait placés autour de toi, tu frémis de ne pouvoir troubler la république ? Tu te consolais cependant du départ des autres, en disant que, puisque j'étais resté, ma mort te suffisait. Et le premier jour de novembre, lorsqu'à la faveur de la nuit tu croyais surprendre la ville de Préneste, as-tu remarqué par combien de précautions j'avais assuré la défense de cette colonie ? Tu ne fais pas une action, tu ne formes pas un projet, tu n'as pas une pensée, dont je ne sois averti ; je dis plus, dont je ne sois le témoin et le confident.

**IV.** Enfin, rappelle à ta mémoire l'avant-dernière nuit, et tu comprendras que je veille encore avec plus d'activité pour le salut de la république, que toi pour sa perte. Je dis que l'avant-dernière nuit tu te rendis (je parlerai sans déguisement) dans la maison du sénateur Léca. Là se réunirent en grand nombre les complices de tes criminelles fureurs. Oses-tu le nier ? Tu gardes le silence ! Je te convaincrai, si tu le nies ; car je vois ici, dans le sénat, des hommes qui étaient avec toi. Dieux immortels ! où sommes-nous ? dans quelle ville, ô ciel ! vivons-nous ! quel gouvernement est le nôtre ? Ici, pères conscrits, ici même, parmi les membres de cette assemblée, dans ce conseil auguste, où se pèsent les destinées de l'univers, des traîtres conspirent ma perte, la vôtre, celle de Rome, celle du monde entier. Et ces traîtres, le consul les voit, il prend leur avis sur les grands intérêts de l'État ; quand leur sang devrait déjà couler, il ne les blesse pas même d'une parole offensante : Oui, Catilina, tu as été chez Léca l'avant-dernière nuit ; tu as partagé l'Italie entre tes complices ; tu as marqué les lieux où ils devaient se rendre ; tu as choisi ceux que tu laisserais à Rome, ceux que tu emmènerais avec toi ; tu as désigné l'endroit de la ville où chacun allumerait l'incendie ; tu as déclaré que le moment de ton départ était arrivé ; que si tu le retardais, de quelques instants, c'était parce que je vivais encore. Alors il s'est trouvé deux chevaliers romains qui, pour te délivrer de cette inquiétude, t'ont promis de venir chez moi cette nuit-là même, un peu avant le jour, et de m'égorger dans mon lit. A peine étiez-vous séparés que j'ai tout su. Je me suis entouré d'une garde plus nombreuse et plus forte. J'ai fermé ma maison à ceux qui, sous prétexte de me rendre leurs devoirs, venaient de ta part pour m'arracher la vie. Je les avais nommés d'avance à plusieurs de nos premiers citoyens, et j'avais annoncé l'heure où ils se présenteraient.

**V.** Ainsi, Catilina, achève tes desseins ; sors enfin de Rome ; les portes sont ouvertes, pars : depuis trop longtemps l'armée de Mallius, où plutôt la tienne, attend son général. Emmène avec toi tous tes complices, du moins le plus grand nombre ; que la ville en soit purgée. Je serai délivré de mortelles alarmes, dès qu'un mur me séparera de toi. Non, tu ne peux vivre plus longtemps avec nous ; je ne pourrais le souffrir ; je ne dois pas le permettre. Grâces soient à jamais rendues aux dieux immortels, et surtout à celui qu'on révère en ce temple, à ce Jupiter qui protégea le berceau des Romains ! grâces leur soient rendues d'avoir tant de fois sauvé l'État des effroyables calamités dont le menaçait un monstre acharné à. sa perte ? Il ne faut pas que le même homme mette une fois de plus la patrie en danger. Consul désigné, j'étais en butte à tes complots, Catilina ; et sans invoquer le secours de la république, j'ai trouvé ma sûreté dans ma propre vigilance. Consul, tu as voulu m'assassiner au Champ de Mars, avec tes compétiteurs, le jour des derniers comices consulaires. Le nombre et le courage de mes amis ont repoussé tes efforts sacrilèges, sans que Rome ait ressenti un seul instant d'alarmes. Mille fois menacé de tes coups, je m'en suis toujours garanti par moi-même, trop certain cependant que ma ruine entraînerait pour l'État de déplorables malheurs. Aujourd'hui, c'est à la république elle-même que tu déclares la guerre ; ce sont les citoyens dont tu veux la mort, les temples des dieux, les demeures des hommes, l'Italie tout entière que tu destines au ravage et à la dévastation.

Ainsi, puisque je n'ose encore prendre le premier parti que me conseille l'autorité dont je suis revêtu et les exemples de nos ancêtres, j'en prendrai un autre à la fois moins sévère et plus politique. Si j'ordonne ta mort, la lie impure de tes complices restera au sein de la république ; mais si tu pars, comme je ne cesse de t'y exhorter, avec toi s'écouleront hors des murs ces flots de conjurés, assemblage immonde de ce que Rome a de plus dangereux et de plus corrompu. Eh quoi ! Catilina, tu balances à faire pour m'obéir ce que tu faisais de ton propre mouvement. Ennemi de Rome, le consul t'ordonne d'en sortir. Tu me demandes si c'est pour aller en exil ? Je ne te le commande pas ; mais si tu veux m'en croire, je te le conseille.

**VI** En effet, Catilina, quel charme peut désormais avoir pour toi le séjour d'une ville où, à l'exception des pervers qui en ont avec toi juré la ruine, il n'est personne qui ne te craigne ; personne qui ne te haïsse ? Est-il un opprobre domestique dont ton front n'ait à rougir ? est-il une sorte de flétrissure dont ta vie privée ne porte l'ignominieuse empreinte ? quelle impureté, quel forfait, quelle infamie, n'ont pas souillé tes yeux, tes mains, tout ton corps ? quel est le jeune homme, une fois amorcé par tes séductions et tombé dans tes pièges, dont ta perfide complaisance n'ait armé le bras et servi les passions ? Et dernièrement encore, quand le meurtre d'une épouse eut ouvert ta maison à un nouvel hyménée, n'as-tu pas mis le comble à ce crime par le plus incroyable des forfaits ? Je m'abstiens d'en parler, et je consens volontiers qu'il reste enseveli dans un oubli profond, afin qu'on ne sache pas un jour qu'un si noir attentat fut commis dans Rome, ou qu'il y fut impuni. Je ne dis rien du délabrement de tes affaires, et de la ruine complète dont tu es menacé pour les ides prochaines ; je ne parle plus des vices personnels qui ne déshonorent que toi ; des désastres domestiques qui n'atteignent que ta fortune : j'arrive à des faits qui intéressent la république entière et la vie de tous les citoyens.

Peux-tu, Catilina, jouir en paix de la lumière qui nous éclaire, de l'air que nous respirons, lorsque tu sais qu'il n'est personne ici qui ignore que la veille des calendes de janvier, le dernier jour du consulat de Lépidus et de Tullus, tu te trouvas sur la place des comices, armé d'un poignard ? que tu avais aposté une troupe d'assassins pour tuer les consuls et les principaux citoyens ? que ce ne fut ni le repentir, ni la crainte, mais la fortune du peuple romain, qui arrêta ton bras et suspendit ta fureur ? Je n'insiste point sur ces premiers crimes ; ils sont connus de tout le monde, et bien d'autres les ont suivis. Combien de fois, et depuis mon élection, et depuis que je suis consul, n'as-tu pas attenté à ma vie ? combien de fois n'ai-je pas eu besoin de toutes les ruses de la défense, pour parer des coups que ton adresse semblait rendre inévitables ? il n'est pas un de tes desseins, pas un de tes succès, pas une de tes intrigues, dont je ne sois instruit à point nommé. Et cependant rien ne peut lasser ta volonté, décourager tes efforts. Combien de fois ce poignard dont tu nous menaces a-t-il été arraché de tes mains ? combien de fois un hasard imprévu l'en a-t-il fait tomber ?

Et cependant il faut que ta main le relève aussitôt. Dis-nous donc sur quel affreux autel tu l'as consacré, et quel vœu sacrilège t'oblige à le plonger dans le sein d'un consul ?

'VII. À quelle vie, Catilina, es-tu désormais condamné ? car je veux te parler en ce moment, non plus avec l'indignation que tu mérites, mais avec la pitié que tu mérites si peu. Tu viens d'entrer dans le sénat : eh bien ! dans une assemblée si nombreuse, où tu as tant d'amis et de proches, quel est celui qui a daigné te saluer ? Si personne avant toi n'essuya jamais un tel affront, pourquoi attendre que la voix du sénat prononce le flétrissant arrêt si fortement exprimé par son silence ? N'as-tu pas vu à ton arrivée tous les sièges rester vides autour de toi ? n'as-tu pas vu tous ces consulaires, dont tu as si souvent résolu la mort, quitter leur place quand tu t'es assis, et laisser désert tout ce côté de l'enceinte ? Comment peux-tu supporter tant d'humiliation ? Oui, je le jure, si mes esclaves me redoutaient comme tous les citoyens te redoutent, je me croirais forcé d'abandonner ma maison : et tu ne crois pas devoir abandonner la ville ! Si mes concitoyens, prévenus d'injustes soupçons, me haïssaient comme ils te haïssent, j'aimerais mieux me priver de leur vue que d'avoir à soutenir leurs regards irrités : et toi, quand une conscience criminelle t'avertit que depuis longtemps ils ne te doivent que de l'horreur, tu balances à fuir la présence de ceux pour qui ton aspect est un cruel supplice ! Si les auteurs de tes jours tremblaient devant toi, s'ils te poursuivaient d'une haine irréconciliable, sans doute tu n'hésiterais pas à t'éloigner de leurs yeux. La patrie, qui est notre mère commune, te hait ; elle te craint ; depuis longtemps elle a jugé les desseins parricides qui t'occupent tout entier. Eh quoi ! tu mépriseras son autorité sacrée ! tu te révolteras contre son jugement ! tu braveras sa puissance ! Je crois l'entendre en ce moment t'adresser la parole. « Catilina, » semble-t-elle te dire, «depuis quelques années il ne s'est pas commis un forfait dont tu ne sois l'auteur, pas un scandale où tu n'aies pris part. Toi seul as eu le privilège d'égorger impunément les citoyens, de tyranniser et de piller les alliés. Contre toi les lois sont muettes, et les tribunaux, impuissants ; ou plutôt tu les as renversés, anéantis. Tant d'outrages méritaient toute ma colère ; je les ai dévorés en silence. Mais être condamnée à de perpétuelles alarmes à cause de toi seul ; ne voir jamais mon repos menacé que ce ne soit par

Catilina ; ne redouter aucun complot qui ne soit lié à ta détestable conspiration, c'est un sort auquel je ne peux me soumettre. Pars donc, et délivre-moi des terreurs qui m'obsèdent si elles sont fondées, afin que je ne périsse point ; si elles sont chimériques, afin que je cesse de craindre.»

**VIII.** Si la patrie te parlait ainsi, ne devrait-elle pas obtenir de toi cette grâce, quand même elle ne pourrait te l'arracher par force ? C'est peu ; tu as prononcé toi-même ta condamnation en consentant que la liberté te fût ravie. N'as-tu pas dit que, pour éviter les soupçons, tu voulais habiter la maison de M. Lépidus ? Repoussé par lui, n'as-tu pas osé venir chez moi, afin d'y rester prisonnier ? Et moi aussi j'ai répondu que jamais je ne pourrais vivre en sûreté dans la même maison que toi, puisque je ne pouvais, sans un péril extrême, demeurer dans la même ville. Également rebuté par le préteur Métellus, tu as cherché un asile chez ton digne ami, l'honnête Marcellus. Tu étais persuadé, sans doute, de sa vigilance à te garder, de sa pénétration à deviner tes projets, de son énergie à les réprimer. Pères conscrits, croyez-vous qu'il soit loin de mériter la prison et les fers, l'homme qui de lui-même se juge indigne de conserver sa liberté ? Ainsi, Catilina, puisque tu ne peux ici achever en repos ta misérable carrière, que tardes-tu à fuir dans quelque pays lointain, et à cacher dans la solitude une vie qu'a tant de fois épargnée le glaive de la justice ?

Tu veux que je propose au sénat le décret de ton exil ; et s'il plaît à cette assemblée de le prononcer, tu promets d'obéir. Non, Catilina, je ne ferai pas une proposition qui répugne à mon caractère ; et cependant tu vas connaître la volonté de tes juges ——-. Sors de Rome, Catilina ; délivre la république de ses craintes ; pars ; oui, si c'est ce mot que tu attends, pars pour l'exil ——-. Que vois-je, Catilina ? Remarques-tu l'effet de cette parole ? le silence des sénateurs ? ils m'entendent, et ils se taisent. Qu'est-il besoin que leur voix te bannisse, lorsque, sans parler, ils prononcent si clairement ton arrêt ? Si j'en disais autant au vertueux P. Sextius, au noble et généreux M. Marcellus, déjà, malgré mon titre de consul, malgré la sainteté de ce temple, le sénat soulevé contre moi m'eût accablé de sa juste colère. Mais c'est à toi que je parle, Catilina, et il le souffre ; il reste calme ; il se tait : calme qui m'approuve et te condamne, silence qui parle plus haut que tous les discours ! Et tes juges, ce ne sont pas seulement ces sénateurs, dont sans doute tu respectes beaucoup l'autorité, quand tu comptes pour si peu leur vie ; ce sont encore ces illustres et vertueux chevaliers romains ; ce sont tous ces généreux citoyens qui environnent le sénat, et dont tu as pu tout à l'heure voir l'affluence, remarquer l'indignation, entendre les murmures. Il y a longtemps que j'ai peine à contenir leurs bras armés pour te frapper. Mais si tu quittes enfin ces murs, où tu veux porter le ravage et l'incendie, j'obtiendrai facilement qu'ils te fassent cortège jusqu'aux portes de la ville.

IX. Mais que dis-je ? espérer que rien brise ton inflexible caractère ! que tu reviennes jamais de ta perversité ! que tu aies conçu l'idée de fuir ! que tu penses à t'exiler ! Ah ! que les dieux ne t'en ont-ils inspiré la résolution ? Je ne l'ignore pas ; si la terreur de mes discours te force à l'exil, tous les orages de la haine, suspendus peut-être quelque temps par la mémoire encore présente de tes crimes, éclateront tôt ou tard sur ma tête. Eh bien, je me dévoue à tous les périls, pourvu que les malheurs qui fondront sur moi épargnent la république. Mais que tu aies horreur de tes déportements, que tu redoutes la vengeance des lois, que tu fasses à la patrie le plus léger sacrifice, c'est ce qu'il ne faut pas te demander. Non, Catilina, il n'est pas croyable que la honte puisse t'arracher au crime, ni la crainte t'éloigner du danger, ni la raison désarmer ta fureur. Ainsi, je te le répète encore, pars ; et puisque tu m'appelles ton ennemi, si tu veux soulever contre moi toutes les haines, va droit en exil. Alors je soutiendrai à peine les clameurs de l'envie ; alors tout l'odieux de ton bannissement pèsera sur le consul qui ose l'ordonner. Mais si tu aimes mieux servir les intérêts de ma gloire, sors avec la foule impie de tes complices ; rends-toi auprès de Mallius ; rassemble tous les mauvais citoyens, sépare-toi des bons ; fais la guerre à ta patrie ; arbore en triomphant l'étendard du brigandage. On ne dira pas alors que je t'ai chassé dans une terre étrangère : je n'aurai fait que t'inviter à rejoindre les tiens. Mais qu'ai-je besoin de t'y inviter, quand je sais que déjà tu as fait partir des gens armés pour t'attendre sur la voie Aurélia ; que le jour est arrêté ; que tu en es convenu avec Mallius ? quand je sais que tu as envoyé devant toi cette aigle d'argent qui, je l'espère, te sera fatale, ainsi qu'à tous les tiens ; cette aigle à laquelle tu as consacré dans ta maison un sanctuaire, où tu lui offrais le crime pour encens ? Eh quoi ! tu resterais plus longtemps éloigné de cet objet de ton culte, auquel tu ne manquas jamais d'adresser ton hommage sacrilège en partant pour un assassinat, et dont tu as si souvent quitté les autels pour aller tremper tes mains dans le sang des citoyens !

**X.** Tu iras donc enfin, tu iras où t'appelle depuis longtemps un désir effréné, tu suivras le penchant qui t'entraîne. Ce départ, loin de t'affliger, te remplit en effet de je ne sais quelle inexprimable joie. C'est pour de telles fureurs que la nature t'a fait naître, que l'exercice t'a formé, que la fortune t'a réservé. Ennemi du repos, la guerre même ne te plut jamais, si elle n'était criminelle. Tu as trouvé une armée selon tes vœux : elle est composée de scélérats renoncés de la fortune, abandonnés même de l'espérance. Quel contentement tu vas goûter au milieu d'eux ! quels transports d'allégresse ! quelle ivresse de plaisir, lorsque dans la foule innombrable des tiens, tu n'entendras, tu ne verras aucun homme de bien ! C'était sans doute afin de te préparer à cette glorieuse vie, que tu t'exerçais, homme infatigable, à coucher sur la dure, pour épier le moment d'attenter à l'honneur des familles ou à la vie des citoyens ; à veiller toute la nuit, pour profiter du sommeil d'un époux ou de la sécurité d'un homme riche. C'est à présent que tu pourras signaler cet admirable courage à supporter la faim, le froid, toutes les privations dont tu vas bientôt te sentir accablé. J'ai rendu au moins un service à la patrie en t'éloignant du consulat. Elle peut être attaquée par un banni ; elle ne sera point déchirée par un consul. Tu porteras contre elle des armes impies; mais ce sera un brigandage, et non une guerre.

**XI.** Maintenant, pères conscrits, je vais aller au-devant d›un reproche que cette patrie pourrait m›adresser avec quelque justice. Redoublez d›attention, je vous en conjure, et gardez dans votre mémoire ce que je vais dire pour me justifier. Si la patrie, qui m›est cent fois plus chère que la vie même, si toute l›Italie, si la république entière m›adressait la parole, «M. Tullius, pourrait-elle me dire, que fais-tu? Eh quoi! celui que tu as reconnu pour mon ennemi; celui qui s'apprête à porter la guerre dans mon sein; celui qu'une armée de rebelles attend pour marcher sous ses ordres; celui qui soulève les esclaves et enrôle les mauvais citoyens, l'auteur de la plus criminelle entreprise, le chef d'une conjuration sacrilège, tu lui ouvres les portes, et tu ne vois pas que c'est moins un fugitif que tu laisses sortir de Rome, qu'un furieux que tu déchaînes contre elle? Pourquoi n'ordonnes-tu pas qu'il soit chargé de fers, traîné à la mort, livré au dernier supplice? Qui peut t'arrêter? Les usages de nos ancêtres? mais souvent, dans cette république, de simples particuliers ont puni de mort ceux qui en menaçaient le repos. Les lois qui assurent au citoyen accusé de solennelles garanties? mais jamais, dans cette ville, un homme révolté contre l'État ne jouit des droits de citoyen. Craindrais-tu les reproches de l'avenir? c'est témoigner une digne reconnaissance au peuple romain, qui, oubliant la nouveauté de ton nom et l'obscurité de ta race, t'a si promptement élevé de dignités en dignités jusqu'à la suprême magistrature, que de sacrifier à la crainte de l'opinion et à de lâches terreurs le salut de tes concitoyens! Ah! si tu redoutes le blâme, aimes-tu donc mieux l'encourir pour avoir trahi l'État par une coupable faiblesse, que pour l'avoir sauvé par une courageuse sévérité? Quand l'Italie sera en proie aux horreurs de la guerre, quand les villes seront saccagées, les maisons livrées aux flammes, crois-tu échapper alors à l'incendie qu'allumera contre toi l'indignation publique?»

**XII.** A ces paroles sacrées de la patrie, aux secrètes pensées de ceux qui me font intérieurement les mêmes reproches, je répondrai en peu de mots. Oui, pères conscrits, si j'avais pensé que la mort de Catilina fût le parti le plus utile, je n'aurais pas laissé une heure d'existence à ce vil gladiateur. En effet, si de grands hommes, d'illustres citoyens, ont honoré leur nom, bien loin de le ternir, par le meurtre de Saturninus, des Gracques, de Flaccus, et de tant d'autres factieux; certes je n'avais pas à craindre que le supplice d'un monstre, assassin de ses concitoyens, attirât jamais sur ma tête les censures de l'opinion. Et dût cette opinion se soulever un jour contre moi, j'ai toujours pensé qu'une disgrâce méritée par la vertu est moins une disgrâce qu'un titre de gloire.

Mais il est dans cet ordre même des hommes qui ne voient pas, ou qui feignent de ne pas voir les dangers qui nous menacent. Ce sont eux qui, par la mollesse de leurs conseils, ont nourri les espérances de Catilina, et fortifié, en refusant d'y croire, la conjuration naissante. Leur opinion est une autorité dont se prévaudraient, si je l'avais puni, bien des gens ou méchants ou trompés, pour accuser ma justice de cruauté et de tyrannie. Une fois, au contraire, qu'il sera dans le camp de Mallius, sans doute alors il n'y aura plus un homme assez aveugle pour ne pas voir qu'il existe une conjuration, assez pervers pour ne pas en convenir. D'un autre côté, s'il eût péri seul, sa mort eût comprimé peut-être pour un moment, mais n'eût pas étouffé l'incendie. Mais qu'il se jette hors de ces murs, qu'il emmène avec lui ses complices, qu'il ramasse de tous côtés, et rassemble dans son camp, tous ceux que le naufrage de leur fortune a laissés sans ressource ; alors sera éteint pour jamais ce feu qui couve au sein de la république ; alors le mal funeste, dont les progrès nous alarment, sera extirpé jusque dans sa racine.

**XIII.** Depuis longtemps, pères conscrits, nous vivons entourés de complots, et nous marchons au milieu des embûches. Mais je ne sais par quelle fatalité ces fureurs invétérées, ces projets audacieux, ces crimes mûris dans le silence devaient tous éclater sous mon consulat. Si dans cette vaste conspiration on ne frappait que le chef, nos inquiétudes et nos alarmes seraient peut-être suspendues pour quelque temps ; mais le péril subsisterait tout entier, enfermé au cœur de la république. Un malade dévoré par les ardeurs d'une fièvre brûlante se trouve un moment soulagé quand il a bu de l'eau glacée ; mais bientôt le mal, aigri par ce remède trompeur, achève de l'abattre. Ainsi la maladie qui travaille la république, calmée un instant par la mort de ce grand coupable, s'aggravera de nouveau tant que vivront ses complices. Que les méchants se retirent donc, pères conscrits ; qu'ils se séparent des bons ; qu'ils se rassemblent dans un même lieu ; qu'ils mettent, je le répète encore, un mur entre eux et nous, qu'ils cessent d'attenter à la vie du consul dans sa propre maison, d'environner le tribunal du préteur, d'assiéger le sénat dans le lieu de ses délibérations, d'amasser des torches pour embraser nos demeures ; enfin, qu'on puisse lire écrits sur le front de chacun les sentiments qui l'animent. Je vous le promets, pères conscrits, tels seront la vigilance des consuls, l'autorité de vos décrets, le courage des chevaliers romains, le zèle unanime de tous les gens de bien, qu'aussitôt Catilina sorti de Rome, vous verrez tous ses complots découverts, mis au grand jour, étouffés et punis.

Voilà de quels présages j'accompagne ton départ, Catilina. Va, pour le salut de la république, pour ton malheur et ta ruine, pour la perte de ceux que le crime et le parricide unissent à tes destins, va commencer une guerre impie et sacrilège. Et toi, Jupiter Stator, dont le culte fut fondé par Romulus, sous les mêmes auspices que cette ville ; toi dont le nom même promet à Rome et à l'empire une éternelle durée, tu protégeras contre ses coups et ceux de ses complices, tes autels et tous les temples, nos maisons et nos murailles, la vie et la fortune des citoyens ; et ces persécuteurs des gens de bien, ces ennemis de la patrie, ces dévastateurs de l'Italie entière, qu'une affreuse société de forfaits a réunis par un pacte abominable, tu les livreras, et pendant leur vie, et après leur mort, à des supplices qui ne cesseront jamais.

## SECOND DISCOURS
## CONTRE L. CATILINA,
## PRONONCÉ DEVANT LE PEUPLE.

### DISCOURS VINGTIÈME.

### ARGUMENT.

Dès que Catilina eut quitté Rome pour se rendre au camp de Mallius, Cicéron monta à la tribune aux harangues et rendit compte au peuple romain de tout ce qui s'était passé.

L'objet de la seconde Catilinaire est 1° de dissiper les fausses et insidieuses alarmes que les partisans secrets de Catilina affectaient de répandre, en exagérant ses ressources et le danger de la république ; 2° de se justifier aux yeux de quelques bons citoyens du reproche d'avoir laissé fuir l'ennemi de la patrie, au lieu de le livrer au supplice ; 3° de répondre à ceux qui l'accusaient de tyrannie, pour avoir exilé Catilina ; 4° de faire connaître ceux qui dans Rome servaient ouvertement ou secrètement les desseins de Catilina. Il les divise en six classes qu'il caractérise chacune par les traits qui lui conviennent.

Cette harangue fut prononcée devant le peuple le 9 novembre, an de Rome 690.

I. Enfin, Romains, cet audacieux, dont la fureur sacrilège méditait la ruine de la république, ce monstre dévoré de la soif du crime, qui menaçait vos cœurs du poignard et vos maisons de l'incendie, Catilina est sorti de ces murs. Nous l'en avons chassé, ou si l'on veut, nous lui avons ouvert les portes, nous avons accompagné de nos adieux son départ volontaire. Oui, Romains, il est parti, il a pris la fuite ; sa frayeur ou sa rage l'a emporté loin de nous. On ne verra plus ce forcené travailler dans Rome même à la destruction de Rome. Nous sommes sûrs au moins de ce premier triomphe sur le chef de la rébellion. Le poignard de cet assassin ne cherchera plus sans cesse le chemin de nos cœurs ; il ne nous poursuivra plus dans le Champ de Mars, dans le forum, an sénat, et jusque dans nos maisons. Catilina, chassé de Rome, a perdu sa position. C'est maintenant un ennemi déclaré, auquel nous ferons, sans que personne s'y oppose, une guerre légitime. Certes, nous avons remporté sur lui une éclatante victoire, en le forçant de jeter le masque et d'arborer publiquement l'étendard de la révolte. Mais ce glaive qu'il n'a pu, au gré de ses désirs, emporter tout sanglant, cette vie qu'il n'a pu me ravir, ce fer que je lui ai arraché des mains, ces citoyens qu'il a laissés vivants, ces murailles qui sont encore debout, quels sujets pour lui d'une douleur profonde et d'un affreux désespoir ! Il sent maintenant le coup qui l'a frappé. Confondu, terrassé, anéanti, il fuit, et ses regards impuissants se retournent sans cesse vers cette Rome que les destins ont sauvée de sa rage, cette Rome qui se réjouit quand il pleure, et qui s'applaudit d'avoir vomi de son sein et rejeté loin d'elle un monstre si fatal.

II. Cependant, si quelqu'un d'entre vous, aussi zélé pour la patrie que tous le devraient être, me faisait un crime de ce que je proclame comme un triomphe, et m'accusait d'avoir laissé partir un ennemi si redoutable, quand il aurait fallu le jeter dans les fers ; la faute n'en est pas à moi, citoyens, elle est aux circonstances. Oui, Catilina aurait dû, il y a longtemps, payer ses forfaits de sa tête. Les coutumes de nos ancêtres, la sévère autorité qui m'est confiée, l'intérêt de l'État, demandaient son supplice. Mais combien refusaient de croire les crimes que je dénonçais ! combien d'insensés les traitaient de chimère ! combien cherchaient à les excuser ! combien même étaient assez pervers pour en désirer le succès ! Si pourtant j'avais pensé que la mort de Catilina suffît à votre sûreté, certes je vous aurais délivrés de ce traître, au prix de ma tranquillité, au péril de ma vie même. Mais il en était jusque parmi vous qui pouvaient encore douter de la conjuration ; et si je l'avais livré au supplice qu'il méritait, la haine soulevée contre moi m'eût empêché de poursuivre ses complices. J'ai donc amené les choses au point que vous pussiez le combattre à face découverte, quand il se serait publiquement déclaré votre ennemi. Et cet ennemi, citoyens, vous pouvez juger si je le redoute, à présent qu'il est hors des murs : mon seul regret est qu'il n'en soit pas sorti avec de plus nombreux satellites. Que n'a-t-il emmené avec lui toutes ses forces ! Il emmène un Tongilius, le compagnon de ses premières débauches ; un Publicius, un Munatius, dont les dettes, contractées à la taverne, n'auraient jamais troublé l'État. Mais quels hommes il laisse après lui ! combien ils sont dangereux par leur nom, leur puissance, le délabrement de leur fortune !

**III.** Pour moi, avec nos vieilles légions gauloises, avec celles que Métellus vient encore de lever dans la Gaule et dans le Picénum, avec les forces que je rassemble moi-même chaque jour, j'ai le plus profond mépris pour une armée composée de vieillards sans ressource, de paysans ruinés par le luxe, de dissipateurs villageois, de débiteurs qui fuient la justice, et courent sous les drapeaux d'un rebelle ; de gens enfin que je pourrais foudroyer en leur montrant, je ne dis pas la pointe de nos épées, mais une simple ordonnance du préteur. Il en est d'autres que je vois parfumés d'essences précieuses, éclatants de pourpre, voltiger dans le forum, assiéger les portes du sénat, entrer même dans cette assemblée. Voilà, de tous les soldats de Catilina, ceux que je voudrais le plus voir partis avec lui. Puissent ces déserteurs de son armée ne pas rester au milieu de nous ! L'armée elle-même, je vous le prédis, Romains, est cent fois moins redoutable. Nous devons d'autant plus les craindre, qu'ils me savent instruit de tous leurs desseins, et ne s'en effrayent pas. Je vois à qui l'Apulie est échue en partage, à qui on a confié l'Étrurie, qui est chargé de la Gaule et du Picénum, qui a sollicité l'affreuse commission de porter dans Rome le carnage et l'incendie. Toutes leurs résolutions de la nuit d'avant-hier m'ont été révélées. Ils le savent, j'en ai fait hier le détail dans le sénat. Catilina lui-même a tremblé. Il a pris la fuite. Qu'attendent ses complices ? Ils sont dans une étrange erreur, s'ils croient que ma longue indulgence ne se lassera jamais.

**IV.** Le but que je me proposais, je l'ai atteint : il n'est pas un de vous qui ne voie clairement qu'une conjuration a été formée contre la république; car on ne pensera pas, sans doute, que les pareils de Catilina ne partagent point ses projets. Le temps de la clémence est passé. Tout nous fait une loi d'être sévères. Je leur accorderai pourtant encore une grâce: qu'ils sortent de ces murs; qu'ils partent; Catilina brûle de les revoir; le laisseront-ils plus longtemps se consumer d'inutiles désirs? Je leur indiquerai le chemin: il est parti par la voie Aurélia; s'ils veulent se hâter, ils l'atteindront avant la nuit. Heureuse la république, si Rome était enfin purgée de ce vil amas de fange et de corruption! Elle n'est encore délivrée que du seul Catilina, et déjà l'air y paraît plus pur; on y respire plus librement. Peut-on se figurer une noirceur, imaginer un crime, dont il n'ait conçu l'affreuse pensée? Est-il dans toute l'Italie empoisonneur, brigand, gladiateur, assassin, parricide, fabricateur de faux testaments, fourbe, débauché, dissipateur, adultère, femme décriée, corrupteur de la jeunesse, homme sans mœurs et sans honneur, qui ne confesse avoir vécu avec Catilina dans la familiarité la plus intime? Quel meurtre s'est commis depuis quelques années dont il n'ait été le complice? quelle infâme prostitution dont il n'ait été le ministre? Quel suborneur posséda jamais à un si haut degré l'art de séduire la jeunesse? Brûlant pour les uns de la plus criminelle passion, il se prêtait lui-même aux désirs impudiques des autres. Il promettait à ceux-ci la possession de ce qu'ils convoitaient; à ceux-là, la mort de leurs parents, les excitant, les aidant même à devenir parricides. Avec quelle rapidité l'avons-nous vu naguère rassembler autour de lui, de la ville et de la campagne, une foule immense de scélérats? Il n'existe pas dans Rome, il n'existe pas dans un seul coin de l'Italie un homme noyé de dettes, qu'il n'ait fait entrer dans cette détestable société de crimes et de forfaits.

**V.** Mais admirez en lui ce bizarre assemblage des goûts les plus divers. Vous ne trouverez pas dans une école de gladiateurs un audacieux, capable des coups les plus hardis, qui ne se dise l'intime ami de Catilina; ni sur le théâtre un bouffon énervé et sans âme, qui ne se glorifie d'avoir été le compagnon de ses plaisirs. Et ce même homme toutefois, formé à l'école de l'adultère et du crime, à supporter le froid, la faim, la soif et les veilles, était vanté par les siens comme un prodige de courage; ingrat qui, doué par la nature d'une âme forte et de qualités brillantes, en abusait au profit de la débauche et de la scélératesse. Si ses compagnons pouvaient te suivre, si ce vil troupeau de gens perdus de bien et d'honneur sortait de Rome, quel triomphe pour nous? quel bonheur pour la république! quelle gloire pour mon consulat! Ce n'est plus le temps en effet où leurs horribles désirs connaissaient quelques bornes. Leur audace, désormais intolérable, a passé toute mesure. Ils ne rêvent plus que massacres, incendie, pillage. Ils ont dissipé leur patrimoine, dévoré leur fortune; leur détresse vient encore de s'aggraver par la perte de tout crédit, et pauvres, ils n'en conservent pas moins les goûts dispendieux de l'opulence. Si, dans leurs honteuses orgies, le vin, le jeu et les infâmes plaisirs occupaient seuls leurs pensées, il faudrait les plaindre sans doute; cependant on pourrait les supporter. Mais comment supporter la guerre que la lâcheté déclare au courage, la folie à la sagesse, l'intempérance à la sobriété, le sommeil à la vigilance ? Il me semble les voir, dans leurs festins, couchés mollement sur des lits somptueux, tenant dans leurs bras des femmes impudiques, affaissés par l'ivresse, gorgés de nourriture, couronnés de guirlandes, inondés de parfums, énervés de débauches, vomir dans leurs obscènes entretiens les mots affreux de carnage et d'incendie.

Ils sont, je n'en doute pas, entraînés par une fatalité ennemie ; et si le châtiment dû à leur perversité, à leurs dissolutions, à leurs crimes, ne les frappe pas à l'instant, du moins le temps de la justice n'est pas éloigné. Puisse mon consulat retrancher de la république ces membres gangrenés qu'il ne saurait guérir ; et cette heureuse époque assure à notre empire des siècles de durée. Il n'est au monde aucune nation qui nous soit redoutable, aucun roi qui puisse faire la guerre au peuple romain ; tout au dehors est pacifié sur terre et sur mer par la valeur d'un héros. Une guerre domestique nous reste : c'est au dedans que sont les embûches ; c'est au dedans qu'est renfermé le péril ; c'est au dedans que l'ennemi nous attaque. C'est avec le luxe, avec la démence, avec le crime qu'il nous faut combattre : nouveau genre de guerre dans lequel je me déclare votre chef. Oui, Romains, je prends sur moi la haine des pervers. Toutes les plaies qui pourront être guéries, je veux à tout prix les guérir ; mais je saurai aussi retrancher par le fer ce qui causerait trop sûrement la ruine de l'État. Qu'ils sortent donc, ou qu'ils restent tranquilles ; ou s'ils ne veulent ni sortir de Rome, ni renoncer à leurs complots, qu'ils tremblent ! ils subiront la peine qu'ils méritent.

**VI.** Mais il en est, citoyens, qui prétendent que j'ai, par un ordre tyrannique, exilé Catilina. Ah ! s'il ne fallait qu'un ordre de ma bouche, j'exilerais aussi ceux qui tiennent ce langage. Catilina, je le crois, homme timide et modeste à l'excès, n'a pu soutenir la voix du consul. Au premier mot d'exil, il s'est soumis, il est parti. Hier, citoyens, après avoir failli d'être assassiné dans ma maison, je convoquai le sénat dans le temple de Jupiter Stator : j'y révélai toute la conjuration. Lorsque Catilina vint à paraître, y eut-il un sénateur qui lui adressât la parole, qui le saluât, qui ne le regardât de l'œil dont on regarde, je ne dis pas un mauvais citoyen, mais un mortel ennemi ? Que dis-je ? les sénateurs les plus distingués, fuyant son approche, laissèrent vide tout le côté des sièges où il alla se placer. C'est alors qu'avec cette voix menaçante qui d'un mot chasse les citoyens en exil, je demandai à Catilina s'il était vrai on non qu'il eût tenu chez Léca une assemblée nocturne. Convaincu par sa conscience, il se tut malgré son audace. Alors je découvris tout ; je dis ce qu'il avait fait la nuit de cette assemblée ; ce qu'il avait résolu pour la suivante ; quel plan de guerre il avait adopté. Le voyant interdit, confondu, je lui demandai pourquoi il balançait à partir pour le lieu où il devait se rendre depuis si longtemps, puisqu'il avait envoyé devant lui des armes, des haches, des faisceaux, des trompettes, des étendards, et même cette aigle d'argent, à laquelle il offrait, dans un sanctuaire impie, le crime pour encens. Ainsi je l'envoyais en exil, celui qui avait déjà commencé la guerre ! En effet, je le crois, c'est en son propre nom qu'un Mallius, un simple centurion, campé près de Fésules, a déclaré la guerre au peuple romain ! ce n'est pas Catilina que cette armée attend pour général ! ce n'est pas dans ce camp, c'est à Marseille que cet infortuné va porter son exil !

**VII.** Oh ! qu'il en coûte, je ne dis pas seulement pour gouverner l'État, mais pour le sauver ! Je suppose qu'aujourd'hui Catilina, surpris par ma vigilance, déconcerté par mes efforts et mon dévouement, s'effrayât tout à coup, changeât de résolution, abandonnât ses complices, renonçât à ses projets de guerre, quittât le chemin du crime et de la rébellion, pour prendre celui de la fuite et de l'exil, ce ne serait plus un scélérat dont j'aurais désarmé l'audace, un rebelle que ma fermeté aurait confondu, glacé d'effroi, frustré de ses coupables espérances ; ce serait un innocent, exilé sans procès, chassé par la violence et les menaces du consul. Que de gens alors, au lieu de détester ses crimes, déploreraient son malheur ; au lieu de louer mon zèle, me peindraient comme le plus cruel des tyrans ! Eh bien, Romains, dussent gronder sur ma tête tous les orages de la haine et d'une injuste prévention, je saurai les braver, pourvu que j'éloigne de vous l'orage bien plus terrible de cette guerre sacrilège. Qu'on dise que je l'ai chassé, pourvu qu'il aille en exil. Mais il n'ira pas, vous pouvez m'en croire. Me préserve le ciel de jamais appeler de mes vieux, pour fermer la bouche à la calomnie, la funeste nouvelle que L. Catilina s'avance à la tête d'une armée de rebelles ! Cette nouvelle pourtant, vous l'apprendrez avant trois jours ; et si je crains qu'il ne s'élève dans la suite des clameurs contre moi, c'est moins pour l'avoir chassé que pour l'avoir laissé partir. Mais quand certains hommes donnent à son départ le nom de bannissement, que diraient-ils donc, s'ils avaient vu tomber sa tête ? Catilina, disent-ils, se rend à Marseille. Plainte hypocrite, qui déguise mal la crainte qu'ils en ont ! De tous ceux qui déplorent son exil, il n'en est pas un qui n'aime mieux le voir dans le camp de Mallius que dans la ville des Marseillais. Et lui-même, n'est-il jamais pensé au parti qu'il vient de prendre, il aimerait encore mieux périr en brigand que de vivre exilé. Mais comme jusqu'ici rien ne lui est arrivé de contraire à ses vieux, si ce n'est de m'avoir, en partant, laissé la vie, ne le plaignons pas d'un exil supposé, désirons plutôt que cet exil soit véritable.

VIII. Mais pourquoi vous parler si longtemps d'un seul ennemi, et d'un ennemi qui du moins se montre tel qu'il est, d'un ennemi que je cesse de craindre, depuis qu'un mur, ainsi que je l'ai toujours voulu, nous sépare de lui ? Ai-je donc oublié ceux qui se couvrent d'un masque, qui restent dans Rome, qui sont au milieu de nous ? Non, Romains ; mais je l'avoue, mon désir est moins d'en faire justice, que de les ramener par la douceur, et de les réconcilier à la patrie, s'il est quelque moyen d'y parvenir ; et je ne vois pas pourquoi il n'en serait point, s'ils veulent écouter ma voix. Je vais, citoyens, vous montrer de quelles classes d'hommes est composé ce parti. Ensuite j'essayerai de combattre, avec les armes de la parole et de la persuasion, le mal qui les travaille.

La première classe est composée de débiteurs qui possèdent encore plus qu'ils ne doivent, mais qui, ne pouvant se détacher de leurs biens, n'ont aucun moyen d'acquitter leurs dettes. C'est de tout le parti ceux qui se présentent sous les plus beaux dehors, car ils sont riches; mais, au fond, rien de plus révoltant que ce qu'ils prétendent. Eh quoi! vous aurez des domaines, des palais, de l'argenterie, de nombreux esclaves, des richesses de toute espèce, et vous craindrez d'ôter quelque chose à vos possessions, pour l'ajouter à votre crédit! Sur quoi donc comptez-vous? Sur la guerre? pouvez-vous croire que dans la dévastation générale, vos propriétés seront inviolables? Sur l'abolition des dettes? c'est se tromper que de l'attendre de Catilina. C'est moi qui libérerai les débiteurs, mais en les forçant de vendre une partie de leurs biens. Il n'est que ce moyen de sauver ces propriétaires obérés. S'ils avaient voulu s'y décider plus tôt, au lieu d'employer les revenus de leurs domaines à lutter follement contre l'usure, ils seraient aujourd'hui plus riches et meilleurs citoyens. Mais, du reste, ils me semblent assez peu redoutables; car ils peuvent enfin revenir de leur égarement, ou, s'ils y persistent, ils formeront peut-être des vœux impies, mais je les crois peu capables de s'armer pour leur succès.

**IX.** La seconde classe se compose d'hommes abîmés de dettes, mais ambitieux de pouvoir. Ils veulent dominer à tout prix. Sans espoir d'obtenir les honneurs, tant que la république sera tranquille, ils comptent s'y élever à la faveur des troubles. Je leur donnerai un seul conseil, et c'est le même que je donne à tous les autres. Qu'ils renoncent à l'espérance de voir leurs projets s'accomplir. Le premier obstacle, c'est moi, qu'ils trouveront partout pour sauver l'État et réprimer leurs complots; ensuite, le courage des gens de bien, leur union, leur nombre immense, et de grandes forces militaires; enfin, les dieux en qui ce peuple invincible, ce glorieux empire et cette reine des cités, ont, contre les attentats du crime, d'immortels protecteurs. Et quand ils obtiendraient ce qu'ils convoitent avec tant de fureur, quand la vue de Rome en cendres, inondée du sang des citoyens, assouvirait leurs exécrables désirs, est-ce donc au milieu de ces débris qu'ils espèrent être consuls, dictateurs, ou même rois? Ils ne voient pas qu'ils désirent un pouvoir qu'il leur faudrait céder, s'ils l'obtenaient, à quelque esclave échappé des fers, ou à quelque gladiateur.

Vient ensuite une troisième classe d'hommes qui, dans un âge voisin de la vieillesse, ont conservé les forces que leur donna l'exercice. De ce nombre est Mallius, dont Catilina est allé prendre la place. Ils font partie de ces colonies que Sylla établit jadis à Fésules. Ces colonies, je le sais, sont en général composées de citoyens d'une probité reconnue, d'un courage éprouvé. Il en est toutefois parmi eux qui, enivrés de leur soudaine prospérité, ont consumé en de folles dépenses les dons de la fortune. Ils ont voulu bâtir comme les grands, avoir des domaines, des équipages, des légions d'esclaves, une table somptueuse; et ce luxe a creusé sous leurs pas un abîme si profond, que, pour en sortir, il leur faudrait évoquer Sylla du séjour des morts. Ils ont associé à leurs criminelles espérances quelques habitants de la campagne, qui croient voir dans le retour des anciennes déprédations un remède à leur indigence. Également avides de rapines et de pillages, je les range les uns et les autres dans une seule et même classe. Mais je leur donne un conseil : qu'ils cessent de rêver dans leur délire les proscriptions et les dictatures. Ces temps affreux ont laissé au fond des âmes de si horribles souvenirs, qu'à peine faut-il être homme pour jurer qu'ils ne reviendront jamais.

**X.** La quatrième classe est un mélange confus et turbulent de malheureux, sur qui pèsent des dettes accumulées dès longtemps par la paresse, la dépense, le défaut de conduite, et que chaque jour enfonce plus avant dans un gouffre d'où ils ne sortiront pas. Fatigués d'assignations, de sentences, de saisies, ils désertent les villes et les campagnes pour courir en foule sous les drapeaux de la révolte : soldats sans courage, débiteurs sans bonne foi, qui savent mieux faire défaut à la justice qu'ils ne sauront faire face à l'ennemi. S'ils ne peuvent se soutenir, qu'ils tombent ; mais qu'ils tombent sans que la république, ni même leurs plus proches voisins s'aperçoivent de leur chute : car je ne conçois pas pourquoi, ne pouvant vivre avec honneur, ils veulent périr avec honte, ni comment il leur semble moins affreux de finir leurs destins avec beaucoup d'autres, que de les finir seuls.

La cinquième classe renferme les parricides, les assassins, les scélérats de toute espèce. Je ne cherche point à les détacher de

Catilina : ils ne pourraient jamais s'arracher d'auprès de lui. Qu'ils périssent d'ailleurs au sein du brigandage, puisque aucune prison n'est assez vaste pour les contenir tous.

Vient enfin une dernière classe, et c'est en effet la dernière par l'avilissement de ceux qui la composent. Ce sont les hommes de Catilina, c'est son élite, on plutôt ce sont ses amours et ses délices. Vous les reconnaissez aux parfums de leur chevelure élégamment peignée, à leur visage sans barbe, ou à leur barbe arrangée avec art, à la longueur de leurs tuniques, et aux manches qui couvrent leurs bras efféminés ; enfin, à la finesse des tissus qui leur servent de toges ; hommes infatigables qui signalent, dans des festins prolongés jusqu'à l'aurore, leur patience à supporter les veilles. Ce vil troupeau renferme tous les joueurs, tous les adultères, tout ce qu'il y a de débauchés, sans mœurs et sans pudeur. Ces jeunes gens, si délicats et si jolis, savent bien autre chose que chanter et danser, qu'aimer et être aimés ; ils savent darder un poignard et verser du poison. S'ils ne sortent, s'ils ne périssent, quand même Catilina ne serait plus, sachez que nous aurons dans la république une pépinière de Catilinas. Cependant à quoi pensent ces malheureux ? Emmèneront-ils dans le camp les compagnes de leurs débauches ? D'un autre côté, comment pourront-ils s'en passer dans ces longues nuits d'hiver ? Et eux-mêmes, comment supporteront-ils les neiges et les frimas de l'Apennin ? ils se croient peut-être en état de braver les rigueurs de la saison, parce qu'ils ont appris à danser nus dans les festins ? Guerre vraiment formidable, où le général aura pour garde prétorienne cette cohorte impudique !

**XI.** Déployez maintenant, Romains, contre cette brillante milice de Catilina, les forces de votre empire; et d'abord, opposez à ce gladiateur, déjà frappé à mort, vos consuls et vos généraux. Ensuite, faites marcher contre ces bandes méprisables, vil rebut de la fortune et de la société, l'élite et la fleur des guerriers d'Italie. Nos colonies et nos villes municipales valent bien sans doute les hauteurs et les bois qui lui serviront de forteresses. L'empire a mille autres sources de force et de grandeur, que je ne dois pas comparer avec la détresse et le dénuement de ce brigand. Laissons donc à part tout ce qui est pour nous et contre lui, le sénat, les chevaliers romains, le peuple, la ville, le trésor public, les revenus de l'État, l'Italie entière, toutes les provinces, les nations étrangères;

et bornons-nous à comparer entre elles les deux causes rivales: ce parallèle nous fera voir quel mépris nous devons à de si faibles ennemis. La guerre est déclarée entre la pudeur et l›impudence, les bonnes mœurs et les mauvaises, la probité et la fraude, la piété et le crime, le calme et la fureur, l›honneur et l›opprobre, la continence et les plus viles passions. L›équité, la tempérance, le courage, la prudence, et toutes les vertus sont aux prises avec l›injustice, la débauche, la lâcheté, la témérité, et tous les vices. Enfin, c›est la lutte de l›opulence avec la misère, de la raison avec le délire, de la sagesse avec la folie, de l›espérance avec le désespoir. Dans cette guerre étrange et ce combat inégal, dussent les hommes faillir à la bonne cause, les dieux eux-mêmes ne sont-ils pas intéressés à voir les vices abattus et les vertus triomphantes?

**XII.** Continuez donc, citoyens, de veiller à la garde de vos maisons: c›est moi qui veille à celle de la ville, et je vous promets d›en assurer la défense, sans troubler un instant votre repos. Toutes vos colonies, toutes les villes municipales, instruites par mes soins de la sortie nocturne de ce brigand, défendront aisément leurs murs et leur territoire. Les gladiateurs, parmi lesquels il comptait trouver ses bandes les plus sûres et les plus nombreuses, les gladiateurs, quoique mieux intentionnés que bien des patriciens, seront pourtant contenus par la force. Q. Métellus, que j›ai, par une prévoyance que l›événement justifie, envoyé dans le Picénum et la Gaule cisalpine, écrasera l›ennemi, ou le serrera de si près, qu›il ne pourra faire un mouvement. Quant aux autres mesures qu›il faut ou ordonner, ou hâter, on prévoir, je vais prendre l›avis du sénat, que vous voyez prêt à s›assembler.

Je reviens maintenant à ceux qui sont restés dans Rome; disons mieux, à ceux qu›y a laissés Catilina pour la perte commune et de Rome et de vous tous qui l'habitez. Ce sont des ennemis sans doute, mais ils sont nés citoyens, et à ce titre je veux encore leur prodiguer mes conseils. Ma clémence a pu jusqu'ici passer pour faiblesse: elle attendait que le voile fût enfin déchiré. Mais je ne peux oublier plus longtemps que c'est ici ma patrie, que je suis le consul de ceux qui m'entendent; que je dois vivre avec eux, ou mourir pour eux. Les portes ne sont point gardées, les chemins sont libres; si quelqu'un veut sortir, il peut prendre son parti. Mais quiconque osera remuer dans la ville, quiconque fera, je ne dis pas une action, mais un simple projet, mais la moindre tentative contre la patrie, sentira que Rome a des consuls vigilants, des magistrats dévoués, un sénat ferme et courageux; qu'elle a des armes; qu'elle a une prison, lieu de supplice destiné par la justice de nos ancêtres à la punition des grands crimes.

**XIII.** Et vous verrez, citoyens, s'accomplir toutes ces choses, sans que rien altère le calme dont vous jouissez. Les plus grands périls seront écartés sans tumulte ; la guerre intestine et domestique, la plus cruelle, la plus dangereuse dont les hommes aient gardé le souvenir, sera terminée par moi seul ; et votre général ne quittera pas cette toge, symbole de la paix. Je dis plus, Romains, si le succès peut couronner les plans que je médite, il n'y aura pas même un seul coupable qui subisse dans Rome le châtiment de son crime. Mais si les attentats trop manifestes de l'audace, si les dangers pressants de la patrie, me forcent de renoncer à ma douceur naturelle, je ferai du moins ce qu'on oserait à peine souhaiter dans une guerre où l'on marche entouré de périls et d'embûches : aucun homme de bien ne périra et le supplice de quelques coupables suffira pour sauver tous les bons citoyens. Ce n'est point sur ma prudence particulière, ni sur les conseils de l'humaine sagesse, que sont fondées les promesses que je vous fais, citoyens. J'en ai des garants plus certains : ce sont les dieux qui, par des signes non équivoques et mille fois répétés de leur immortelle protection, m'ont inspiré cette confiance. Longtemps ils nous ont défendus dans des guerres lointaines contre les ennemis du dehors. Le lieu du péril est changé : c'est en protégeant leurs temples et les toits qui vous couvrent, qu'ils vont aujourd'hui faire éclater leur puissance. Vous, Romains, adressez-leur vos vœux et vos hommages ; implorez-les pour cette ville dont ils ont fait la plus belle, la plus riche et la plus puissante des cités, afin qu'après l'avoir rendue triomphante de tous ses ennemis, et sur terre et sur mer, ils la sauvent des fureurs parricides de ses propres citoyens.

# TROISIÈME DISCOURS
## CONTRE L. CATILINA,
### PRONONCÉ DEVANT LE PEUPLE.

## DISCOURS VINGT ET UNIÈME.

### ARGUMENT.

Cicéron, dans la Harangue précédente, annonçait que Catilina était parti pour le camp d'Étrurie, et il s'y rendit en effet. Aussitôt que la nouvelle en fut parvenue à Rome, le sénat le déclara, ainsi que Mallius, ennemi public, et ordonna aux consuls de lever de nouvelles troupes. Cicéron resta pour veiller à la sûreté de la ville. Antonius se mit à la tête d'une armée pour aller en Toscane attaquer les rebelles, tandis que Métellus leur fermait le chemin de la Gaule.

Cependant Lentulus, Céthégus et les autres conjurés exécutaient dans Rome les instructions de leur chef, et se tenaient prêts à y porter le carnage et l'incendie au moment où lui-même s'avancerait avec des forces redoutables. Mais non contents d'armer contre la patrie tout ce qu'elle renfermait d'hommes pervers et corrompus, ils appelèrent l'étranger à leur aide, et ce dernier crime les perdit. Les Allobroges, nation gauloise, avaient envoyé à Rome des ambassadeurs pour implorer la justice du sénat contre l'avarice des gouverneurs romains. Ces députés sollicitaient avec peu de succès, lorsque Lentulus, entamant avec eux une criminelle négociation, les flatta des plus brillantes promesses, s'ils voulaient servir ses desseins. L'espérance de voir finir les maux de leur patrie leur fit d'abord prêter l'oreille à cette proposition. Mais bientôt ils pesèrent d'un côté les difficultés d'une entreprise si hasardeuse, de l'autre les ressources de la république, et les récompenses qu'ils pouvaient en attendre s'ils la sauvaient d'un si horrible complot. Enfin, ils révélèrent tout à Fabius Sanga, patron de leur cité ; et par leur moyen, les lettres que les conjurés adressaient, les unes à Catilina, les autres au sénat et au peuple des Allobroges, tombèrent entre les mains du consul. Cet événement eut lieu la nuit du 2 au 3 décembre. Ainsi furent déconcertés les plans des conspirateurs, dont l'exécution était fixée au 17 du même mois, premier jour des

Saturnales.

Muni de ces pièces de conviction, Cicéron mande chez lui les conjurés, qui, ne se doutant pas qu'ils fussent découverts, y viennent avec sécurité. De là il les conduit au temple de la Concorde, où il avait convoqué le sénat, les confronte avec les Allobroges, leur représente leurs lettres, et les confond par leurs propres aveux. Le sénat prononce aussitôt la détention des coupables. Ensuite il décerne des récompenses aux dénonciateurs, vote des remerciements au consul, et ordonne des *supplications* dans tous les temples. On appelait ainsi les actions de grâces que le peuple romain rendait aux dieux après une grande victoire, et cette cérémonie religieuse était presque aussi honorable pour le vainqueur que le triomphe même. Cicéron était le premier magistrat au nom de qui on l'eût jamais décernée pour des fonctions civiles. Après la séance du sénat, le consul monte à la tribune aux harangues, et rend compte au peuple de tous ces événements.

Ce Discours fut prononcé le 3 décembre au soir, vingt-quatre jours après la seconde Catilinaire.

I. La république, citoyens, votre vie, vos biens, vos fortunes, vos femmes, vos enfants, cette capitale du plus glorieux empire, cette ville si belle et si florissante, viennent d'être sauvés du carnage et de l'incendie. L'éclatante protection des dieux immortels, mes travaux, ma vigilance, mon dévouement, ont fermé l'abîme ou tout allait s'engloutir, et la patrie vous est rendue. On peut dire, citoyens, que le jour où la vie nous fut conservée n'est pour nous ni moins heureux, ni moins solennel que le jour où nous la reçûmes ; car en naissant on ne sent pas le bienfait de la nature, et nul ne sait à quelles conditions l'existence nous est donnée ; mais l'homme sauvé de la mort jouit d'un bonheur qu'il connaît, et goûte tout le plaisir de sa conservation. À ce titre, puisque la reconnaissance de nos pères a placé parmi les dieux le fondateur de cette ville, l'immortel Romulus ; vous garderez sans doute aussi, et vous transmettrez à vos neveux le souvenir du magistrat qui, la trouvant fondée et agrandie, la sauva de sa ruine. Rome entière allait être embrasée ; déjà les feux s'allumaient autour de vos temples, de vos maisons et de vos murailles : j'ai su les éteindre ; j'ai brisé dans des mains parricides les glaives levés contre la république ; j'ai détourné de votre sein les poignards qui vous menaçaient. Comme ces horribles complots viennent d'être, par mes soins, révélés, prouvés, mis au grand jour dans l'assemblée du sénat, je vais, citoyens, vous les exposer en peu de mots. Vous ignorez encore la grandeur du péril, l'évidence de la conspiration, les moyens employés pour en suivre la trace et en saisir tous les fils. Je satisferai, en vous apprenant tout, votre juste impatience.

Catilina, vous le savez, en sortant brusquement de Rome, il y a peu de jours, y laissa ses plus audacieux complices, et les chefs les plus ardents de la guerre sacrilége qu'il fait à la patrie. Depuis ce temps, je veille sans relâche pour éclairer leurs ténébreuses machinations, et vous sauver de leurs coups.

II. Quand ma voix chassait Catilina de ces murs (car je ne crains plus de prononcer ce mot ; je dois craindre plutôt qu'on ne me fasse un crime de l'avoir laissé vivre) ; mais enfin quand je voulais que ce brigand disparût du milieu de nous, je pensais que les autres conjurés partiraient avec lui, ou que, restés sans lui, ils ne pourraient plus former que des vœux impuissants. Mais quand j'ai vu que ceux dont je redoutais le plus les audacieux transports et les fureurs criminelles, demeuraient dans Rome et bravaient nos regards, j'ai consacré tous les instants des jours et des nuits à suivre leurs intrigues et à pénétrer leurs desseins : desseins effroyables, attentat inouï, sur lequel vous n'auriez jamais pu en croire mes discours, si ma main n'en avait saisi des preuves irrécusables. Oui, j'ai voulu que vous vissiez le crime de vos propres yeux, afin que nul doute ne vous empêchât plus d'écouter les conseils de la prudence. J'entre en matière. Lentulus, pour soulever les Gaulois et allumer la guerre au delà des Alpes, avait entamé avec les députés des Allobroges une négociation criminelle. Déjà ceux-ci allaient partir pour la Gaule, munis de lettres et d'instructions, et devaient, eu passant,^ se concerter avec Catilina. Avec eux partait Vulturcius, chargé d'une lettre pour ce chef de rebelles. Instruit de ces faits, je crus enfin avoir obtenu ce qui était le plus difficile, et ce que je demandais instamment aux dieux immortels. Je pouvais à la fois et surprendre moi-même, et livrer aux mains du sénat et du peuple tout le secret de la conjuration.

J'appelai donc hier chez moi les préteurs L. Flaccus et G. Pomtinius, dont le courage et le dévouement sont au-dessus de tout éloge. Je leur exposai tout ; je leur appris quel était mon dessein. Ces magistrats, animés pour la patrie du zèle le plus généreux et des plus nobles sentiments, se chargèrent sans balancer de l'exécution. Sur le soir, ils se rendirent dans le plus grand secret au pont .Milvius, et se postèrent séparément dans deux fermes voisines, ayant entre eux le Tibre et le pont, ils s'étaient fait accompagnera l'insu de tout le monde d'un grand nombre d'hommes intrépides ; et moi-même j'avais envoyé au rendez-vous plusieurs jeunes gens de Réate, l'élite de leur pays, que j'emploie chaque jour pour assurer le repos public, et qui s'y trouvèrent bien armés. Vers la fin de la troisième veille paraissent accompagnés d'une suite nombreuse les députés des Allobroges, et avec eux Vulturcius. Ils sont assaillis en entrant sur le pont. Des deux côtés on met l'épée à la main. Les préteurs seuls étaient dans le secret ; les autres ignoraient tout.

III. Le combat s'engageait, quand Pomtinius et Flaccus surviennent et le font cesser. Toutes les lettres sans exception leur sont remises entières et bien cachetées. Les députés et ceux de leur suite sont arrêtés et conduits chez moi dès le point du jour. Je mande aussitôt l'artisan le plus effronté de ces manœuvres criminelles, Gabinius Cimber. Il ne soupçonnait encore rien. Je fais venir de même Statilius, et après lui Céthégus. Lentulus tarda plus que les autres. Sans doute les dépêches qu'il avait remises l'avaient forcé de veiller, contre son ordinaire, une partie de la nuit. À la nouvelle de ces événements, un grand nombre de citoyens distingués s'étaient rassemblés chez moi dès le matin. Ils voulaient que j'ouvrisse les lettres avant de les soumettre au sénat, afin que si elles ne contenaient rien d'important, on ne pût me faire le reproche d'avoir alarmé la république par de chimériques terreurs. Je protestai que cette affaire intéressant le salut public. Je me garderais bien d'en dérober au conseil public la première connaissance. En effet, citoyens, quand même les lettres n'auraient point confirmé les avis que j'avais reçus, devais-je craindre, lorsque l'Etat pouvait périr, qu'on me blâmât d'un excès de prudence ? Alors, comme vous l'avez vu, j'ai réuni à la hâte une nombreuse assemblée du sénat ; en même temps, sur l'avis des Allobroges, j'ai envoyé un homme sûr, le préteur C. Sulpicius, dans la maison de Céthégus, pour enlever les armes qui s'y trouveraient. Il en a rapporté une grande quantité de poignards et d'épées.

IV. J'ai fait entrer Vulturcius sans les Gaulois. Je lui ai garanti l'impunité par ordre du sénat et au nom de la république ; je l'ai engagé à dire sans crainte tout ce qu'il savait. Revenu avec peine de son extrême frayeur, il a déclaré que Lentulus lui avait donné pour Catilina une lettre et des instructions, par lesquelles il l'exhortait à ne pas dédaigner le secours des esclaves et à s'approcher au plus tôt avec son armée. Il devait se trouver aux portes de Rome à l'instant même où les conjurés, d'après un plan arrêté et convenu, auraient mis le feu à tous les quartiers de la ville, et massacré un nombre incalculable de citoyens. Ail milieu de ces horreurs, il eût arrêté quiconque aurait tenté de fuir ; ensuite il serait venu se joindre à ses amis du dedans.

Introduits à leur tour, les Gaulois ont déclaré qu'ils avaient reçu de Lentulus, de Céthégus et de Statilius, un serment et des lettres pour leur nation ; que ceux-ci, et Cassius avec eux, leur avaient recommandé d'envoyer promptement en Italie des troupes à cheval ; car des gens de pied, on n'en devait point manquer. Lentulus en outre leur avait assuré, sur la foi des aruspices et des livres sibyllins, qu'il était le troisième Cornélius auquel les destins avaient promis dans Rome un pouvoir absolu ; que deux Cornélius y avaient déjà régné, Cinna et Sylla. Cette année, disait-il encore la dixième depuis l'absolution des vestales, et la vingtième depuis l'incendie du Capitole), était destinée, par une irrévocable fatalité, à voir la chute de Rome et de l'empire. Les Gaulois ont ajouté que Céthégus et les autres conjurés avaient différé d'opinion sur un point : Lentulus et les autres voulaient fixer aux Saturnales le massacre et l'incendie ; Céthégus trouvait ce terme trop éloigné.

V. Mais abrégeons ce récit. Je fais produire les lettres attribuées à chacun des accusés. Céthégus est le premier auquel je montre son cachet ; il le reconnaît. J'ouvre la lettre, et j'en fais lecture. Elle était écrite de sa main. Il y promettait au sénat et au peuple des Allobroges de tenir la parole qu'il avait donnée à leurs ambassadeurs. Il les priait de remplir de leur côté les engagements contractés par ceux-ci peu de moments auparavant. Céthégus, pour se justifier d'avoir eu chez lui un amas d'épées et de poignards, venait de répondre qu'il avait toujours été curieux de bonnes lames. Mais à la lecture de sa lettre, atterré, confondu, accablé par le témoignage de sa conscience, il reste muet.

Statilius est introduit ; il reconnaît son cachet et sa main. On lit la lettre ; elle était conçue dans le même esprit. Il avoue sans résistance. Je fais venir Lentulus, et lui montrant la sienne, je lui demande s'il en reconnaît le sceau. Sur son aveu : En effet, lui dis-je, cette empreinte est facile à reconnaître : c'est l'image de ton aïeul ; l'image d'un grand homme, dévoué à sa patrie et à ses concitoyens. Elle aurait dû, toute muette qu'elle est, te détourner d'un si noir attentat. Sa lettre au sénat et au peuple des Allobroges est lue comme les précédentes. Je lui permets de parler, s'il a quelque chose à répondre. Il commence par nier.

On lui met sous les yeux toutes les pièces de conviction. Alors il se lève, et demande aux Gaulois quelle affaire il avait avec eux, et pour quel motif ils étaient venus chez lui. Il fait la même question à Vulturcius. Ceux-ci répondent en peu de mots et sans se troubler. Ils disent le nom de leur introducteur, le nombre de leurs visites ; ils demandent à Lentulus s'il ne leur a jamais parlé des livres sibyllins. À ce mot, le délire du crime égare sa raison, et révèle tout le pouvoir de la conscience. Il pouvait nier ce propos, et tout à coup, au grand étonnement de l'assemblée entière, il l'avoue. Effet irrésistible de l'évidence sur l'âme d'un coupable : il ne retrouve plus en ce moment critique ce talent oratoire qui le distingua toujours. Même cette impudence et cette effronterie, qui n'eurent jamais rien d'égal, l'ont abandonné. En cet instant, Vulturcius demande qu'on produise et qu'on ouvre la lettre que Lentulus lui avait remise pour Catilina. Malgré le trouble violent qui l'agite, Lentulus reconnaît son cachet et sa main. La lettre sans signature était ainsi conçue : « Celui que je t'envoie t'apprendra qui je suis. Sois homme ; songe quel pas tu as fait, et vois à quoi t'oblige désormais la nécessité. Aie soin de prendre partout des auxiliaires, même dans les rangs les plus bas. »

Gabinius, amené à son tour, nie d'abord avec impudence, et finit par convenir de tout ce que lui imputaient les Gaulois.

Voilà sans doute, citoyens, des preuves manifestes et des témoignages irrécusables du crime, les lettres, les cachets, l'écriture, l'aveu même de chacun des coupables. Mais j'en avais sous les yeux des indices encore plus certains, leur pâleur, leurs regards, l'altération de leur visage, leur morne silence. À voir leur consternation, leurs yeux baissés vers la terre, les regards furtifs qu'ils se lançaient mutuellement, ils semblaient moins des malheureux qu'on accuse, que des criminels qui se dénoncent eux-mêmes.

VI. Les pièces vérifiées et les déclarations entendues, j'ai consulté le sénat sur ce qu'il voulait ordonner pour le salut de la république. Les plus illustres sénateurs ont proposé des avis pleins de vigueur et de fermeté, auxquels l'ordre entier s'est rangé sans partage. Comme le sénatus-consulte n'est point encore rédigé par écrit, je vais, citoyens, vous en rapporter de mémoire les principales dispositions. D'abord, des remercîments me sont votés dans les termes les plus honorables, pour avoir, par mon courage, mes soins et ma prévoyance, sauvé l'État des plus grands périls. Ensuite les préteurs L. Flaccus et C. Pomtinus reçoivent de justes éloges pour le zèle et le dévouement avec lequel ils m'ont secondé. Mon collègue en reçoit également pour avoir su, dans sa conduite publique et privée, se dérober à l'influence des hommes qui ont formé cette conjuration. Le décret porte que Lentulus abdiquera d'abord la préture, puis sera détenu sous bonne garde ; il ordonne aussi la détention de Céthégus, celle de Statilius, de Gabinius, qui tous étaient présents ; de L. Cassius, qui avait sollicité l'odieuse commission d'incendier la ville ; de M. Céparius, chargé, suivant les dépositions, de soulever les pcltres dans les campagnes d'Apulie ; de P. Furius, un de ces colons que Sylla établit à Fésules ; de Q. Manlius, qui avait pris part a toutes les intrigues de Furius pour séduire les Allobroges ; enfin, celle de l'affranchi P. Unibrenus, évidemment coupable d'avoir le premier conduit les Gaulois chez Gabinius. Admirez, citoyens, l'extrême indulgence du sénat : sur la multitude innombrable d'ennemis domestiques qui ont trempé dans cette vaste conjuration, il a cru que le châtiment de neuf des plus scélérats pourrait, en sauvant la république, ramener les autres de leur criminel égarement. Les dieux immortels ne sont point oubliés dans ce décret. En reconnaissance de leur haute protection, des actions de grâces leur sont décernées ; et je suis le premier des Romains qui, sans avoir revêtu l'habit de guerre, voie proclamer en mon nom cette glorieuse solennité. Les motifs sont : « QUE J'AI PRÉSERVÉ LA VILLE DE L'INCENDIE ; LES CITOYENS DU MASSACRE ;

L'ITALIE DES HORREURS DE LA GUERRE. » Ainsi, quoique beaucoup aient reçu un pareil honneur pour avoir bien servi la république, moi seul, par une éclatante distinction, je le reçois pour l'avoir sauvée. Le décret rendu, une chose a été faite, qui devait passer avant tout. Sans doute Lentulus, convaincu par tant de témoignages et par ses propres aveux, avait perdu aux yeux du sénat sa qualité de citoyen, et à plus forte raison celle de préteur ; cependant il a formellement abdiqué ; et le scrupule qui n'empêcha pas le grand Marins de punir de mort, dans Caïus Glaucia, un préteur qu'aucun arrêt n'avait personnellement condamné, ce scrupule n'alarmera pas non plus nos consciences, quand il faudra punir Lentulus : il n'est plus magistrat.

VII. Maintenant, citoyens, que vous tenez prisonniers les chefs impies de cette guerre sacrilège et pernicieuse, vous pouvez considérer Catilina comme entièrement vaincu. Oui, en sauvant la ville, nous avons anéanti ses forces et ruiné ses espérances. Lorsque je chassais de nos murs cet ennemi public, je calculais qu'une fois Catilina loin de nous, j'aurais peu sujet de redouter l'assoupissement d'un Lentulus, la lourde épaisseur d'un Cassius, la fougueuse témérité d'un Céthégus. Catilina seul était redoutable, mais il ne l'était que dans Rome. Il connaissait tout, avait accès partout ; fallait-il aborder quelqu'un, le sonder, le solliciter ? il le pouvait, Il l'osait. Il avait le génie du crime, et le crime une fois conçu, son bras savait le commettre, sa bouche, le persuader. Des ministres dévoués, et dont chacun avait son rôle et sou office, attendaient ses volontés. Mais pour avoir donné des ordres, il ne les croyait pas accomplis. Il n'y avait rien qu'il ne voulût voir par lui-même, présent partout, veillant à tout, capable de tout supporter, les fatigues, le froid, la faim, la soif. Non, citoyens, si je n'avais éloigné cet homme si actif, si entreprenant, si audacieux, si rusé, si infatigable pour le crime, si habile à porter l'ordre et le conseil jusque dans le désordre ; si je ne l'avais contraint de se jeter dans un camp, et de changer en brigandage public la guerre cachée qu'il nous faisait dans Rome : je le dirai sans feinte, je n'aurais pas facilement conjuré l'orage qui grondait sur vos têtes. Il ne vous aurait pas, comme eux, ajournés aux Saturnales ; il n'aurait pas si longtemps d'avance déclaré à la république le jour fatal ou elle devait périr. Il ne se serait pas exposé à voir son cachet, et ses lettres, tombées en vos mains, devenir contre lui des témoins irrécusables. Nous î devons à son absence que jamais voleur ne fut | pris en flagrant délit, dans une maison particulière, avec autant d'évidence que vient d'être surprise et saisie au sein de la république cette effrayante conspiration. Sans doute, tant que Catilina est demeuré dans Rome, j'ai toujours prévenu ou réprimé ses complots. Mais s'il était resté jusqu'aujourd'hui, il aurait fallu, pour ne rien dire de plus sinistre, soutenir une lutte contre ce furieux ; et jamais, avec un tel ennemi dans nos murs, nous n'aurions pu, sans bruit, sans tumulte, sans troubler un instant votre repos, sauver l'État de si horribles dangers.

VIII. Au reste, citoyens, dans ces conjonctures difficiles, je ne fus sans doute que le ministre des dieux immortels, et leur sagesse a tout prévu, tout ordonné ; il suffirait, pour s'en convaincre, de songer combien la conduite de ces grands événements paraît au-dessus de la prudence humaine. Mais leur protection s'est manifestée, dans ces derniers temps, par des signes si visibles, qu'ils ont dû frapper tous les yeux. Sans rappeler ces lueurs menaçantes vues dans l'ombre des nuits, et l'occident paraissant tout en feu, et la foudre tombant coup sur coup, et la terre tremblant sous nos pas, et mille autres prodiges apparus cette année même, par lesquels la voix prophétique du ciel semblait se faire entendre ; les faits dont je vais parler, citoyens, sont dignes d'être ouïs, et je ne peux les passer sous silence. Vous n'avez pas oublié que, sous les consuls Torquatus et Cotta, le Capitole fut atteint de la foudre en plusieurs endroits, alors que les images des dieux immortels furent déplacées, les statues des antiques héros renversées de leurs bases, et l'airain dépositaire des lois réduit en fusion : il fut frappé lui-même, le fondateur de cette ville, le divin Romulus, qu'un groupe doré, que vous avez tous vu dans le Capitole, représentait sous la figure d'un enfant nouveau-né, ouvrant la bouche pour saisir les mamelles d'une louve. Alors les aruspices, appelés de tous les cantons de l'Étrurie, annoncèrent que les temps approchaient ou l'on verrait des massacres, des incendies, la subversion des lois, la guerre civile et domestique, la chute de Rome et de l'empire, si les dieux, apaisés à tout prix, ne faisaient fléchir sous leur puissance la puissance même des destins. D'après leurs réponses, on célébra pendant dix jours des jeux solennels, et l'on n'oublia rien de ce qui pouvait rendre les dieux favorables. Les mêmes aruspices ordonnèrent qu'on érigeât au maître de l'Olympe une statue plus grande que la première, et qu'on la plaçât sur une base élevée, la face tournée en sens contraire, c'est-à-dire, vers l'orient. Ils espéraient que quand cette image auguste, que vous voyez maintenant, regarderait tout à la fois l'aurore et les lieux où s'assemblent le peuple et le sénat, alors seraient mis au grand jour, et dévoilés au sénat et au peuple, les complots tramés dans l'ombre pour la perte de Rome et de l'empire. Aussitôt les consuls passèrent marché pour l'érection de la nouvelle statue ; mais l'ouvrage avança si lentement qu'elle ne fut point achevée sous nous prédécesseurs ; nous-mêmes nous n'avons pu la faire placer qu'aujourd'hui.

IX. Maintenant, citoyens, est-il un homme assez ennemi de la vérité, assez enfoncé dans l'erreur, assez aveugle pour ne pas reconnaître que tout ce vaste univers, et cette ville plus que le reste, est gouvernée par la puissance et la volonté souveraine des dieux immortels ? En effet, leurs interprètes vous ont annoncé que des citoyens pervers méditaient le massacre, l'incendie, l'anéantissement de la république ; et ces forfaits, que plusieurs refusaient de croire à cause de leur énormité, des citoyens pervers, vous le voyez aujourd'hui, les ont non-seulement conçus, mais presque consommés. Mais comment ne pas reconnaître la main du grand Jupiter dans ce qui s'est passé ce matin même sous vos yeux ? C'est à l'instant où, par mon ordre, les conjurés et leurs dénonciateurs étaient conduits à travers le forum au temple de la Concorde, c'est en ce même instant qu'on plaçait la statue sur sa base. À peine y a-t-elle reposé, que les regards du dieu, planant sur vous et sur le sénat, vous ont éclairés d'une divine lumière, et vous ont révélé d'horribles attentats. Motif puissant pour en haïr de plus en plus les auteurs, et tirer vengeance de ces hommes sacrilèges qui avaient juré d'abîmer dans un vaste incendie et les demeures des mortels, et les temples des dieux ! Ce n'est pas moi, non, ce n'est pas moi qui ai rompu leur ligue criminelle. Jupiter, Jupiter lui-même s'est armé contre eux. C'est lui qui a défendu ce Capitole, ces temples, cette ville ; c'est lui qui vous a tous sauvés. C'est l'inspiration des dieux immortels qui, dirigeant mes conseils, soutenant mon courage, m'a conduit a ces grandes découvertes. Et ces tentatives pour séduire les Allobroges, et ce secret si follement confié par

Lentulus et ses complices à des inconnus et à des barbares, et ces lettres remises en leurs mains ; tout ne prouve-t-il pas que les dieux ont aveuglé leur audace et répandu sur eux un esprit de vertige ? Mais ce n'est pas tout. Des Gaulois, les représentants d'une nation encore mal soumise, la seule au monde à qui ne manquent ni les moyens, ni peut-être la volonté de nous faire la guerre, ont renoncé d'eux-mêmes aux plus magnifiques espérances, refusé l'empire que des patriciens venaient mettre à leurs pieds, et préféré le salut du peuple romain à l'agrandissement de leur patrie ; et ces hommes, pour nous vaincre, n'avaient pas besoin de combattre ; il leur suffisait de se taire. Je vous le demande, citoyens, n'est-ce pas là encore un nouveau prodige ?

X. Ainsi, puisqu'il est ordonné que de solennelles actions de grâces auront lieu dans tous les temples, célébrez avec vos femmes et vos enfants cette fête de la reconnaissance. Jamais honneurs plus justes et mieux mérités ne furent rendus aux dieux immortels. Vous venez d'échapper à la plus déplorable catastrophe, et pas une goutte de sang n'a coulé. Vainqueurs sans armes, sans combats, vous n'avez eu que moi pour général, et nous triomphons tous sans avoir quitté cette toge, compagne de la paix. Rappelez-vous, citoyens, toutes nos dissensions intestines, et celles dont vous avez entendu le récit, et celles dont vous fûtes vous-mêmes les témoins. Sylla fit périr Sulpicius ; il chassa de Rome C. Marius, le sauveur de cette ville ; il bannit de leur patrie, ou massacra sans pitié une foule d» hommes distingués. Le consul Octavius mit à main armée son collègue hors des murs : le lieu où nous sommes fut jonché de cadavres, et le sang romain y coula par torrents. Marius et Cinna triomphèrent à leur tour ; et la mort, éteignant le flambeau des plus glorieuses vies, priva Rome de tout ce qu'elle avait de plus grand. Sylla, dans la suite, tira vengeance de ces cruautés, et vous ne savez que trop combien de citoyens coûtèrent à la république ces terribles représailles. Des divisions éclatèrent entre Lépidus et Catulus : Lépidus périt ; mais combien la république regretta ceux qui périrent avec lui !

Toutefois ces dissensions n'allaient pas à renverser l'Etat, mais seulement à en changer la forme. Les factieux ne voulaient pas que la république cessât d'être ; ils voulaient une république dont ils fussent les chefs. Ils ne demandaient pas que Rome pérît dans les flammes, mais que Rome leur prodiguât des honneurs. Et cependant toutes ces dissensions, dont aucune ne tendait au renversement de l'État, dégénérèrent en guerres irréconciliables, et des flots de sang purent seuls en éteindre la fureur. Mais dans cette nouvelle guerre, la plus cruelle et la plus redoutable dont les hommes aient gardé la mémoire, guerre telle que jamais n'en firent à une nation barbare ses féroces enfants ; guerre où Lentulus, Catilina, Céthégus, Cassius s'étaient imposé la loi de traiter en ennemis tous ceux dont le salut pouvait se concilier avec le salut de Rome : dans cette guerre, citoyens, j'ai tellement conduit les affaires, que vous êtes tous sauvés. Vos ennemis voyaient déjà le nombre des Romains réduit à ce qu'aurait épargné le fer, et Rome elle-même, à ce que les flammes n'auraient pu dévorer : vain espoir ! j'ai tout préservé de leur rage, et Rome et les Romains.

XI. Pour prix de si grands services, je ne vous demande aucune récompense, aucune distinction, aucun monument de gloire. Gardez seulement de cette grande journée un souvenir impérissable. C'est dans vos cœurs que je veux triompher ; c'est là que je veux placer tous mes titres d'honneur, tous les trophées de ma victoire. Je n'attache aucun prix à ces monuments vulgaires, signes muets d'une reconnaissance qu'on n'a pas toujours méritée. Mes services vivront dans votre mémoire : ils croîtront dans vos entretiens, et vos annales leur assureront une immortelle existence. Ce jour, oui, ce jour à jamais mémorable, a lui sur la république, et pour la sauver, et pour éterniser le souvenir de mon consulat. L'avenir saura que, dans un seul et même temps, deux hommes se rencontrèrent, dont l'un reculait par delà des bornes connues de la terre les limites de l'empire, tandis que l'autre sauvait la capitale de cet empire, et le siége de sa vaste puissance.

XII. Cependant la fortune a mis à mes succès et à ceux du général victorieux au dehors, un prix bien différent. Mon sort est de vivre au milieu des hommes que j'ai vaincus, tandis que le général laisse les ennemis qu'il combattit, ou morts, ou subjugués. Ainsi, quand il recueille le prix de ses services, faites, citoyens, que je ne sois pas un jour puni des miens. Je vous ai garantis des complots sacriléges des hommes les plus audacieux ; c'est à vous de me mettre moi-même à l'abri de leur vengeance. Au reste, il leur est désormais impossible de me nuire. J'ai pour sauvegarde l'appui des gens de bien, qui m'est assuré pour jamais ; la majesté de la république, qui me couvrira toujours d'une invisible égide ; la voix de la conscience, que nul de mes ennemis ne pourra braver sans se dénoncer lui-même. Mais je trouve encore dans mon courage une autre garantie. Ose le crime ce qu'il voudra, je lui résisterai ; je ferai plus : j'oserai moi-même l'attaquer en face. Que si nos ennemis domestiques, pour me punir de vous avoir sauvés de leur rage, la tournent tout entière contre moi seul, ce sera à vous, citoyens, de montrer à quel sort doivent s'attendre désormais ceux qui se seront dévoués, pour votre salut, aux haines et aux dangers.

Pour ce qui me touche personnellement, est-il quelque chose au monde qui puisse ajouter pour moi un nouveau prix à l'existence, quand je ne vois ni dans la carrière des honneurs, ni dans celle de la gloire rien de plus haut ou je puisse arriver ? Toute mon ambition est de soutenir et d'honorer, dans la condition privée où je rentrerai bientôt, la renommée de mon consulat. Ainsi tourneront à ma gloire et à la confusion de mes ennemis, les haines que j'ai pu m'attirer en sauvant la patrie ; ainsi la république me trouvera toujours digne de ce que j'ai fait pour la servir ; et ma vie entière prouvera que mes actions furent l'ouvrage de la vertu et non celui du hasard. Pour vous, citoyens, puisque le jour finit, adressez vos hommages au grand Jupiter, le gardien de cette ville et le vôtre ; retirez-vous ensuite dans vos maisons ; et, quoique le danger soit passé, ne laissez pas de veiller à leur sûreté comme la nuit précédente. Bientôt je vous délivrerai de ce soin, et j'assurerai pour jamais votre tranquillité.

### QUATRIÈME DISCOURS
### CONTRE L. CATILINA,
### PRONONCÉ DANS LE SÉNAT.

### DISCOURS VINGT-DEUXIÈME.

### ARGUMENT.

Les principaux conjurés étaient sous la main de la justice ; mais ils avaient dans Rome de nombreux partisans. Déjà les affranchis de Lentulus cherchaient à soulever la populace et les esclaves. Déjà les émissaires de Céthégus, avec une foule d'hommes exercés à l'audace et au crime, se préparaient à l'arracher de la maison de Cornificius où il était gardé. Tout le monde n'était pas rassuré sur les intentions de César, et un témoin, dont on n'osa pas approfondir la déposition, vint dénoncer Crassus ; et pendant ce temps, Catilina était en Étrurie à la tête d'une armée. — Ainsi, quoique découverte, la conjuration était encore puissante. Cicéron sentit combien il importait de se hâter ; et dès le 4 décembre, il convoqua le sénat pour prononcer, sur le sort des conjurés.

Il faut se souvenir que la constitution de la république ne donnait pas à ce corps le pouvoir judiciaire. En outre, les lois Porcia et Sempronia défendaient qu'aucun citoyen fût condamné à mort, ou même à l'exil, si ce n'est par le peuple assemblé en centuries. Le jugement que le sénat se disposait à rendre était donc un véritable coup d'État, un acte arbitraire, et, s'il faut le dire, une usurpation ; mais le sénat était pressé entre deux inévitables nécessités : celle de violer les lois, et celle de périr avec l'État et les lois.

Le consul désigné, Silanus opina pour le dernier supplice. Son collègue Muréna en fit autant, ainsi qu'un grand nombre de consulaires et des principaux du sénat, jusqu'à Tibérius Néron, aïeul de l'empereur Tibère, qui voulait qu'on différât le jugement jusqu'après la défaite de Catilina. C'est alors que César, préteur désigné et grand pontife, prononça cet éloquent et artificieux Discours, dont Salluste nous a conservé, sinon le texte, au moins l'esprit et les principaux arguments. Il proposait la prison perpétuelle et la confiscation des biens ; mais son dessein était évidemment de sauver les coupables. La popularité de César, et l'adresse avec laquelle il fit valoir les lois protectrices de la vie des citoyens, avaient jeté dans les esprits beaucoup d'incertitude et d'hésitation. Les uns, partisans secrets de la conjuration, voyaient avec plaisir un homme de ce rang et de ce crédit se déclarer, en quelque sorte, pour les conjurés. La foule des hommes timides et sans opinion reculaient devant un acte de vigueur, ou étaient séduits par les sophismes de César : les plus zélés et les plus courageux craignaient que le sang des condamnés ne retombât un jour sur le consul. Silanus interprétait son vote, et disait que par *le supplice*, il avait, comme César, entendu la prison. La plupart, sans excepter même Quintus Cicéron, revenaient à cet avis : enfin, tous les yeux, tournés vers le consul, semblaient l'avertir de ses dangers, ou chercher à démêler ses secrets sentiments. Ce grand citoyen sentit que le moment était décisif. Il prit aussitôt la parole.

Tel est le sujet de la quatrième Catilinaire, dont, par une injuste réticence, Salluste n'a pas même fait mention. C'atulus, sur lequel cet historien garde le même silence, se prononça pour le dernier supplice. Enfin, Caton entraîna les suffrages par cette admirable harangue que nous lisons dans le Catilina, et qui contenait contre César de courageuses invectives que Plutarque rapporte, et que Salluste a dissimulées.

« La sentence de mort (dit la Harpe, Cours de littér.) fut prononcée d'une voix presque unanime, et exécutée sur-le-champ. Cicéron, un moment après, trouva les partisans, les amis, les parents des conjurés encore attroupés dans la place publique. Ils ignoraient le sort des coupables, et ils n'avaient pas perdu toute espérance, lia ont vécu, leur dit le consul en se tournant vers eux, et ce seul mot fut un coup de foudre qui les dissipa tous en un moment, il était nuit ; Cicéron fut reconduit chez lui aux acclamations de tout le peuple, et suivi des principaux du sénat. On plaçât des flambeaux aux portes des maisons pour éclairer sa marche. Les femmes étaient aux fenêtres pour le voir passer, et le montraient à leurs enfants. Quelque temps après, Caton devant le peuple, et Catulus dans le sénat, lui décernèrent le nom de père de la patrie, titre si glorieux, que dans la suite la flatterie l'attacha à la dignité impériale, mais que Rome libre, dit heureusement Juvénal, n'a donné qu'au seul Cicéron :

Roma patrem patriœ Ciceronem libera dixit. »


I. Je vois, pères conscrits, que tous vos regards sont attachés sur moi. Je vois que mes dangers vous touchent au milieu même des dangers de la patrie, et qu'une fois la république sauvée, vous serez encore alarmés sur mon sort. Ce généreux intérêt adoucit tous mes maux, console toutes mes douleurs. Mais, au nom des dieux ? bannissez-le de vos cœurs, pères conscrits, et oubliez mon salut pour assurer le vôtre et celui de vos enfants. Je le déclare hautement : si le consulat m'a été donné à ce prix, que je dusse épuiser toutes les amertumes, endurer tous les tourments, je les endurerai avec courage, j'ajoute même avec plaisir, pourvu que la gloire et la conservation du sénat et du peuple romain couronnent mes travaux. Vous voyez en moi un consul dont la vie ne lut jamais en sûreté, m dans le forum, sanctuaire de la justice et des lois, ni dans le Champ de Mars, au milieu des comices consulaires, et lorsque les auspices en ont consacré l'enceinte, ni dans le sénat, refuge assuré de toutes les nations. Pour moi seul ma maison n'est point un asile inviolable, ni mon lit un lieu de repos. Même sur ce siège d'honneur, sur la chaise curule, je suis environné de périls et d'embûches. Silence, résignation, sacrifices, rien ne m'a coûté ; et j'ose le dire, j'ai souffert bien des maux pour vous épargner bien des craintes. Mon consulat sera jusqu'à la fin ce qu'il fut toujours. Si les dieux m'ont réservé la gloire d'arracher le peuple romain au plus horrible carnage ; vos femmes, vos enfants, les vierges sacrées de Vesta, aux outrages les plus cruels ; les temples, les autels, cette belle patrie, notre mère commune, au fléau de l'incendie ; l'Italie entière, à la guerre et à la dévastation : a ce prix, que la fortune ordonne de moi ce qu'elle voudra, je subirai ses arrêts. En effet, si Lentulus a pu croire, sur la foi des devins, que son nom était marqué par la destinée pour la ruine de 1 Etat, n'ai-je pas lieu de me réjouir qu'une destinée contraire ait marqué mon consulat pour sa conservation ?

II. Ainsi, pères conscrits, songez à vous-mêmes, songez à la patrie ; sauvez vos personnes, vos femmes, vos enfants, vos biens ; défendez le nom et l'existence du peuple romain. C'est trop vous inquiéter de mes dangers personnels. Je dois espérer que tous les dieux protecteurs de cette ville ne laisseront pas sans récompense mon zèle et mes services. Mais s'il en est autrement, je saurai mourir sans regret et sans faiblesse. En effet, la mort ne peut être ni honteuse pour un homme courageux, ni prématurée pour un consulaire, ni malheureuse pour un sage. Je ne porte pas cependant un cœur de fer. Non, je ne puis être insensible à la douleur d'un frère que j'aime autant qu'il me chérit, ni aux larmes de tous ces illustres sénateurs dont je suis environné. Souvent, on peut m'en croire, rappelé par la pensée dans le sein de ma maison, j'y vois une épouse désolée, une fille tremblante et un fils au berceau, précieux otage qui me semble répondre à la république des actes de mon consulat ; je vois ici même un gendre qui attend avec anxiété l'issue de cette grande journée. Sans doute des têtes si chères m'inspirent un intérêt bien pressant ; mais c'est celui de les sauver avec vous, fût-ce même aux dépens de ma vie, plutôt que de laisser périr à la fois et ma famille, et le sénat, et la république entière.

Oubliez donc tout, pères conscrits, pour sauver l'État. Recardez autour de vous quels orages vous menacent, si vous ne les conjurez. Ce n'est point un Tibérius Gracchus, coupable de vouloir être une seconde fois tribun ; ce n'est point un Caïus, auteur d'une loi séditieuse ; ce n'est point un Saturninus, meurtrier de Memmius, qui, accusés devant vous, attendent l'arrêt que prononcera votre sévérité. Vous tenez en vos mains ceux qui restèrent dans Rome pour la livrer aux flammes, pour vous égorger tous, pour ouvrir les portes à Catilina. Vous avez leurs lettres, leurs cachets, leur écriture, l'aveu de chacun des coupables. On veut séduire les Allobroges ; on soulève les esclaves ; on appelle Catilina ; on forme l'horrible dessein d'un massacre, dont il ne doit pas échapper un citoyen pour gémir sur les ruines de la patrie, et déplorer la chute d'un si puissant empire.

III. D'irrécusables témoins vous ont révélé tous ces attentats ; leurs auteurs les ont confessés ; vous-mêmes en avez déjà plus d'une fois porté votre jugement : d'abord en m'adressant d'honorables remerciements, et en déclarant que j'ai, par mon courage et ma vigilance, découvert une conjuration impie et criminelle ; ensuite, en forçant Lentulus d'abdiquer la préture, et en prononçant sa détention et celle de ses complices ; enfin, en ordonnant en mon nom des actions de grâces aux dieux immortels, honneur réservé jusqu'à moi aux généraux victorieux. Hier encore vous avez décerné aux députés des Allobroges et à Titus Vulturcius de magnifiques récompenses. Tous ces actes ne sont-ils pas autant d'arrêts lancés contre ceux dont les noms sont compris dans l'ordre de détention ?

Cependant, pères conscrits, j'ai voulu, en soumettant l'affaire à une nouvelle délibération, que vous pussiez prononcer à la fois sur le crime et sur le châtiment. Avant de prendre vos suffrages, je vais vous parler comme doit le faire un consul. Je voyais depuis longtemps de coupables fureurs couver sourdement dans le sein de la république ; je voyais les factions s'agiter et nous préparer des malheurs inconnus. Mais que des citoyens eussent formé une si vaste et si effrayante conjuration, non, je ne l'ai jamais cru. Maintenant que ce fait n'est que trop certain, pour quelque parti que penchent vos opinions, il faut vous prononcer avant la nuit. Vous voyez quel horrible forfait vous est dénoncé. Si vous croyez que peu de complices y aient trempé, c'est une erreur, pères conscrits. Le mal est plus étendu qu'on ne pense. Il a infecté l'Italie ; que dis-je ? il a franchi les Alpes, et dans ses progrès insensibles, il a déjà envahi plus d'une province. L'étouffer à force de patience et de temps, est impossible ; quelque remède que votre justice y apporte, la promptitude seule en fera le succès.

IV. Jusqu'ici deux opinions partagent cette assemblée : celle de Silanus, qui juge digues de mort les assassins de la patrie ; celle de César, qui, rejetant la peine de mort, ne trouve parmi les autres supplices rien qui soit trop rigoureux. L'un et l'autre ont tenu le langage qui convenait à leur rang, et fait voir une sévérité proportionnée à la grandeur du délit. Le premier ne pense pas que des hommes convaincus d'avoir voulu nous arracher la vie, exterminer le peuple romain, renverser l'empire, anéantir jusqu'au nom de Rome, doivent un instant jouir de la lumière, et respirer l'air dont ils voulurent nous priver ; il se rappelle en même temps que cette république a vu plus d'une fois des citoyens pervers punis du dernier supplice. L'autre est persuadé que les dieux n'ont point voulu faire de la mort un châtiment ; mais qu'elle est une loi de la nature, le terme des travaux et des misères. Aussi le sage ne la reçut jamais à regret, et l'homme courageux alla souvent au-devant d'elle. Mais les fers, et les fers pour toujours, furent inventés, on n'en saurait douter, pour être le châtiment spécial de quelque grand forfait. Il veut qu'on distribue les coupables dans des villes municipales. Imposer aux villes ce fardeau, parait injuste ; obtenir qu'elles s'en chargent, peut être difficile. Ordonnez cependant, si vous le trouvez bon. Je prends sur moi de chercher, et j'espère trouver des cités qui se feront un honorable devoir de concourir avec vous au salut commun. Il appelle sur les habitants un châtiment terrible, si les fers d'un des coupables étaient jamais brisés. Il entoure ces criminels de tout ce qui peut rendre la prison effrayante. Par une précaution digne de cette épouvantable conjuration, il défend que jamais on puisse demander au sénat ou au peuple la grâce de ceux qu'il condamne. Il leur ôte jusqu'à l'espérance, seule consolation du malheureux. Il veut la confiscation de leurs biens ; il ne laisse à ces hommes exécrables que la vie seule, qu'il ne pourrait leur ôter sans les soustraire, par un instant de douleur, à toutes les douleurs de l'âme et du corps, à tous les châtiments qu'ont mérités leurs crimes. Aussi la sagesse des anciens, pour placer dans la vie une terreur capable d'arrêter le méchant, a-t-elle voulu qu'il y eût dans les enfers des supplices réservés aux impies : elle comprenait que, séparée de cette crainte salutaire, la mort même n'était plus redoutable.

V. Maintenant, pères conscrits, je vois de quel côté se trouve mon intérêt. Si vous adoptez l'opinion de César, comme il suivit toujours dans sa vie politique la route où le peuple aime à voir ses amis, peut-être un décret, appuyé de son nom et de son autorité, m'exposera-t-il à moins d'orages populaires ; si vous adoptez l'avis de Silanus, quelques dangers de plus menaceront ma tranquillité. Mais faut-il compter mes dangers, quand il s'agit de l'intérêt public» ? César, en émettant un vote digne de son noble caractère et de sa haute naissance, vient de nous donner un gage éternel de son attachement a la patrie. .Nous savons a présent quelle distance sépare la vraie popularité de la fausse ; l'homme qui flatte le peuple, de celui qui veut le sauver. Je vois tel de ces hommes jaloux de passer pour populaires, qui s'abstient de paraître ici, sans doute afin de ne pas prononcer sur la vie de citoyens romains. Toutefois, avant-hier, ce même homme privait des citoyens romains de leur liberté, et ordonnait qu'une fête solennelle fût célébrée en mon nom. Hier, il décernait aux dénonciateurs de magnifiques récompenses. Or, celui qui a prononcé la détention de l'accusé, félicité le magistrat qui préside au jugement, récompensé le dénonciateur, n'a-t-il pas évidemment porté son jugement sur le fond même de la cause ?

Pour César, il comprend que la loi Sempronia fut établie en faveur des citoyens romains ; mais qu'un ennemi de la patrie ne peut être citoyen ; enfin que l'auteur même de cette loi expia, par l'ordre du peuple, ses attentats contre la république. Il ne pense pas que Lentulus, malgré ses largesses et ses prodigalités, ait droit au titre d'ami du peuple, lorsque dans sa rage impie il a voulu égorger ce même peuple, et faire de la ville un monceau de cendres. Aussi le plus doux et le plus clément des hommes ne balance pas à plonger

Lentulus dans les ténèbres d'une éternelle prison. Hôte pour toujours à l'ambition les moyens de se faire valoir en implorant la grâce de ce coupable, et de se populariser en perdant le peuple romain. Il veut encore la confiscation de ses biens, afin que tous les tourments de l'âme et du corps soient aggravés par l'indigence et la misère.

VI. Si donc vous vous rangez à son avis, c'est un appui que vous me donnerez devant le peuple, et je monterai à la tribune environné de toute la faveur qui s'attache à son nom. Si vous préférez l'avis de Silanus, il sera facile de vous justifier, ainsi que moi, du reproche de cruauté, et l'on sera forcé de convenir que ce supplice était vraiment le plus doux.

Au reste, pères conscrits, que peut-il y avoir de cruel quand il s'agit de punir un forfait si horrible ? Pour moi, je dirai franchement ce que je ressens. Oui, pères conscrits, j'en jure par le plus ardent de mes vœux, le salut de la république, la sévérité que je montre ne vient point d'une âme dure et inflexible : quel caractère est plus doux que le mien' ? c'est l'humanité qui m'inspire ; c'est à force de pitié que je suis sévère. Je crois voir en effet cette reine des cités, l'ornement de l'univers, l'asile commun des nations, abîmée tout à coup dans un vaste embrasement ; je me représente les cadavres des citoyens amoncelés sans sépulture sur les ruines de la patrie ; j'ai devant les yeux l'image effrayante de Céthégus se baignant, au gré de sa fureur, dans les flots de votre sang. Mais quand je me figure Lentulus en possession de la royauté, que lui avaient promise ses prétendus oracles ; Gabinius revêtu de la pourpre ; Catilina entrant dans Rome avec son armée : alors j'entends les cris lamentables des mères éplorées, je vois leurs enfants poursuivis par des ravisseurs, je vois les vestales sacrées essuyer de déplorables outrages : triste et douloureux spectacle, qui, en excitant ma pitié, arme mon bras d'une juste rigueur. En effet, pères conscrits, je vous le demande, si un père de famille voyait ses enfants assassinés par un esclave, son épouse égorgée, sa maison réduite en cendres, et qu'il ne tirât point de ce crime la plus terrible vengeance, serait-ce en lui clémence ou inhumanité, pitié ou barbarie ? Oui, je le dis, il porte un cœur de bronze et une âme dénaturée, s'il ne cherche point dans la douleur et les tourments du coupable un soulagement à sa propre douleur, un adoucissement à ses propres tourments. Et nous aussi, pères

53

conscrits, des scélérats ont voulu massacrer nos femmes et nos enfants ; ils ont voulu renverser et les toits où nous habitons, et la ville entière, commune habitation de ce grand peuple. À leur voix, les barbares devaient accourir sur la cendre fumante de l'empire, et les Gaulois, s'asseoir sur les ruines de Rome. Ah ! c'est ici que, pour être humains, il faut être sévères. L'indulgence serait cruauté ; la faiblesse, insensibilité barbare aux maux de la patrie. A-t-il paru cruel, cet illustre et généreux citoyen, Lucius César, lorsque dans cette assemblée il a déclaré que Lentulus devait cesser de vivre ? et Lentulus est l'époux de sa sœur ; Lentulus était présent ; il entendait cet arrêt. A-t-il paru cruel, lorsqu'il a rappelé que son aïeul avait péri par ordre du consul, avec son fils, qui, tout jeune encore, et tout chargé qu'il était d'une mission pacifique, fut tué dans la prison ? Et cependant ils n'avaient pas, comme Lentulus, conjuré la ruine de l'État. C'était une simple lutte de parti, et des largesses espérées ou promises causèrent tous les troubles. Alors l'aïeul de Lentulus poursuivit le second des Gracques le fer à la main ; alarmé des moindres dangers de la république, son sang coula pour la défendre : aujourd'hui, c'est pour la renverser de fond en comble que le petit-fils de ce grand homme arme les Gaulois, soulève les esclaves, appelle Catilina, charge Cethégus d'égorger les sénateurs ; Gabinius, de passer les citoyens au fil de l'épée ; Cassius, de réduire la ville en cendres ; Catilina enfin, de livrer au pillage l'Italie tout entière. Juges de tels forfaits, vous craindriez de paraître sévères ! Craignez plutôt de paraître cruels envers la patrie, en épargnant ses mortels ennemis. Non, ce n'est point l'arrêt vengeur de tant de crimes qui sera jamais flétri du nom de cruauté.

VII. Toutefois, pères conscrits, j'entends autour de moi des paroles sur lesquelles je ne puis me taire. Du milieu de vous, des voix alarmantes parviennent à mes oreilles : on parait craindre que je n'aie pas les moyens d'exécuter le décret que vous porterez aujourd'hui. Tout est prévu, pères conscrits, tout est ordonné, tout est préparé par mes soins et ma vigilance, et plus encore par le zèle du peuple romain, qui veut conserver son empire, ses biens et sa liberté. Autour de nous sont réunis les Romains de tous les ordres et de tous les âges ; le forum en est rempli ; tous les temples qui entourent le forum, toutes les avenues qui conduisent a celte enceinte, ne peuvent en contenir la foule. En effet, c'est la première fois, depuis que Rome existe, qu'une même cause ait réuni tous les sentiments ; si ce n'est ceux des hommes qui, sûrs de périr, ont voulu, pour ne pas tomber seuls, nous entraîner tous dans leur ruine. Je les excepte volontiers, et j'en fais une classe à part. Ce ne sont pas même de mauvais citoyens ; ce sont d'irréconciliables ennemis. Mais les autres, grands dieux ! quel concours, quel zèle, quel dévouement unanime pour la gloire et le salut de l'empire !

Que dirai-je ici des chevaliers romains ? s'ils ne viennent qu'après vous pour le rang et le conseil, ils se glorifient de marcher vos égaux en courage et en patriotisme. Réconciliés enfin et réunis à cet ordre après bien des années de dissensions, cette journée mémorable et cette cause sacrée resserrent les liens de votre union. Puisse cette union, affermie sous mon consulat, durer éternellement I rassurée a jamais contre les ennemis domestiques, la république n'aura plus rien à redouter de leurs coupables efforts. Je vois enflammés du même zèle les tribuns du trésor ; et cette classe nombreuse et distinguée des secrétaires, qui, réunis par hasard ce jour même au trésor public, ont abandonné le soin de leurs intérêts, pour voler au secours de la patrie. Tous les hommes nés libres, même dans les rangs les plus obscurs, sont accourus en foule. Quel est, en effet, le Romain pour qui ces temples, l'aspect de cette ville, la possession de la liberté, cette lumière même qui nous éclaire, cette terre de la commune patrie,ne soient à la fois et les biens les plus chers, et la source des plus douces jouissances ?

VIII. N'oubliez pas, pères conscrits, dans cette revue de nos défenseurs, la classe des affranchis. Depuis qu'ils ont mérité par leurs travaux le beau nom de Romains, ils aiment comme leur véritable patrie cette ville, que des hommes nés dans son sein, et des hommes d'un si haut rang, ont traitée comme une ville ennemie. Mais que parlé-je des affranchis ?le soin de leur fortune, les droits civils dont ils jouissent, la liberté enfin, le premier des biens, tout les attache à la patrie et les intéresse à sa défense. J'arrive aux esclaves. Non, il n'est pas un esclave, pour peu que sa condition soit tolérable, qui n'abhorre les complots tramés par des citoyens, qui ne désire la conservation de la république, qui, à défaut de son bras, ne concoure au moins par ses vœux au salut commun. Ne vous alarmez donc pas d'un bruit qui a été répandu. Un agent de Lentulus parcourt, dit-on, les demeures du pauvre et les boutiques de l'artisan, dans l'espoir de séduire à prix d'argent des âmes simples et crédules. Oui, on a tenté de soulever les artisans ; mais il ne s'en est pas rencontré d'assez malheureux, ou d'assez égarés, pour ne pas vouloir conserver le modeste asile où un travail journalier fournit à leurs besoins, le lit où ils reposent, enfin le cours même de leurs paisibles habitudes. Je ne crains pas de le dire : cette classe industrieuse est, par sa position, amie du repos et de la tranquillité. Tous les profits de son travail, tous ses moyens d'existence ont besoin, pour se soutenir, d'une grande population. La paix seule alimente son industrie. Si ses bénéfices diminuent quand les ateliers sont fermés, que sera-ce donc lorsqu'ils seront consumés par les flammes.

Ainsi, pères conscrits, tout prouve que les secours du peuple romain ne vous manquent point : c'est a vous de ne pas donner lieu de croire que vous manquez au peuple romain.

IX. Vous avez un consul aguerri contre les dangers et les complots ; s'il échappa tant de fois à la mort, ce n'est pas pour vivre lui-même, c'est pour vous sauver. Rivaux de courage et de zèle, tous les ordres de l'État n'ont qu'une âme, qu'une volonté, qu'une voix pour le salut de la république. Menacée du fer et de la flamme par des enfants parricides, la patrie tend vers vous ses mains suppliantes. Elle implore votre appui, elle vous recommande la vie des citoyens, la citadelle et le Capitole, les autels des dieux pénates, le feu éternel et sacré de Vesta, les temples et les sanctuaires de tous les immortels, les murailles même et les maisons de cette grande ville. Enfin c'est sur votre vie, sur celle de vos femmes et de vos enfants, sur la fortune et les biens de chaque citoyen, sur la conservation de vos foyers, que vous allez prononcer aujourd'hui, vous avez, ce qu'on voit trop rarement, un chef qui s'oublie lui-même pour ne penser qu'à vous ; vous avez, ce que nous voyons aujourd'hui pour la première fois dans une cause politique, tous les ordres, tous les individus, le peuple tout entier, parfaitement uni de vœux et de sentiments. Songez quels travaux il a fallu pour fonder cet empire ; quel courage pour affermir la liberté ; à quelle hauteur s'est élevé, par la protection des dieux, ce majestueux édifiée de la grandeur romaine. Empire, liberté, grandeur, une seule nuit a failli tout détruire. Il faut empêcher aujourd'hui que jamais des citoyens pervers ne puissent consommer de pareils attentats, ne puissent même en concevoir la pensée. Et je ne tiens pas ce langage, pères conscrits, pour encourager votre zèle ; il a presque devancé le mien. Mais je suis consul, et à ce titre la république avait droit d'exiger que ma voix se fît entendre la première.

X. Maintenant, pères conscrits, avant de revenir à l'objet de la délibération, je vous parlerai un instant de moi-même. Autant la république renferme de conjurés, et vous voyez qu'elle en renferme un grand nombre, autant je me suis fait d'implacables ennemis. Mais leur faiblesse égale leur haine, et le mépris est tout ce que je dois à cette foule abjecte et déshonorée. Si pourtant, soulevée contre moi par l'audace et le crime, elle venait quelque jour a prévaloir contre l'auguste protection du sénat et des lois, jamais, pères conscrits, je ne me repentirai de mes actions ni de mes conseils. En effet, la mort, dont peut-être ils me menacent, est le destin commun des hommes ; mais la gloire dont vos décrets ont honoré ma vie n'échut encore en partage qu'à moi seul. Vous avez décerné a mille autres des félicitations publiques pour avoir bien servi la patrie ; je suis le premier qui en reçoive pour l'avoir sauvée.

Honneur au grand Scipion, dont le génie et la valeur forcèrent Annibal de retourner en Afrique et d'abandonner l'Italie ! Honneur au second Africain, destructeur des deux villes les plus ennemies de cet empire, Carthage et Numance ! Célébrons les faits héroïques de Paul Émile, qui vit Persée, un monarque jadis si puissant et si renommé, attaché en esclave à son char de triomphe. Proclamons la gloire éternelle de Marius, qui deux fois sauva l'Italie de l'invasion des barbares et du joug étranger. Au-dessus de ces grands noms, plaçons le grand nom de Pompée, dont les exploits et les vertus embrassent la même carrière que le soleil, et n'ont de limites que celles du monde. Au milieu de toutes ces gloires, ma gloire trouvera sans doute quelque place ; car s'il est beau de nous ouvrir, en conquérant des provinces, les routes de l'univers, il est beau aussi de conserver aux héros absents pour la victoire, une patrie ou ils puissent revenir triomphants. Heureux, au reste, le vainqueur de l'étranger ! moins heureux le vainqueur de ses concitoyens ! Subjugué ou reçu en grâce, l'ennemi du dehors est enchaîné par la force ou par la reconnaissance ; mais quand des citoyens, transportés d'un funeste délire, ont une fois déclaré la guerre à leur patrie, en vain vous aurez sauvé la patrie de leurs coups ; ni craintes ni bienfaits ne pourront les désarmer. J'aurai donc à soutenir contre les mauvais citoyens des combats éternels. Je les redoute peu : votre appui, celui de tous les gens de bien, le souvenir de nos dangers, souvenir qui ne périra jamais dans la mémoire des nations, et moins encore dans celle de ce grand peuple sauvé par mes soins, tout me sera, et pour moi et pour les miens, un rempart assuré. Non, jamais la force ne prévaudra contre l'union du sénat et des chevaliers romains ; jamais la ligue sacrée des hommes vertueux ne sera rompue par la violence des méchants.

XI. Ainsi, pères conscrits, pour me tenir lieu du commandement de l'armée et de la province, que je pouvais conserver, du triomphe et des autres distinctions, dont j'ai sacrifié l'espoir au besoin de garder la ville et de vous sauver tous ; pour me dédommager des liaisons de clientèle et d'hospitalité qu'un proconsul forme dans sa province, et que même dans Rome je cultive avec autant de zèle que j'en mets à les rechercher ; pour prix de tous ces sacrifices, en récompense de mon dévouement sans bornes, et de cette vigilance infatigable dont le salut public atteste aujourd'hui les efforts, je ne vous demande rien, sinon de conserver la mémoire de cette grande époque et de tout mon consulat : tant qu'elle restera gravée dans vos âmes, je me croirai entouré d'un invincible rempart. Si le crime triomphant venait un jour à tromper mon espoir, je vous recommande un fils au berceau : nuls dangers ne menaceront sa vie, ses honneurs même seront assurés, tant que vous n'oublierez pas qu'il doit le jour à un père qui se dévoua seul pour tout sauver. Oui, pères conscrits, c'est votre sort que vous allez décider aujourd'hui ; c'est le sort du peuple romain, de vos femmes et de vos enfants, de vos autels et de vos foyers, des temples sacrés, de la ville, de l'empire, de la liberté, de l'Italie, de la république entière. Prononcez donc avec cette fermeté qui a signalé vos premières délibérations. Vous avez un consul qui ne craindra pas d'exécuter vos arrêts, qui les défendra toute sa vie, et qui en accepte pour toujours la glorieuse responsabilité.

ISBN : 978-1987457766

Manufactured by Amazon.ca
Bolton, ON

28600319R00033